Deck 3

Harald Spilker

UntenInnen geht auch...

Danke Birgit, Deine Erinnerungen sind viel präziser als meine.
Danke Werner, ohne Deine Korrektur wäre das Buch peinlich.

Copyright © 2016

Autor:
Harald Spilker
Schlehenweg 19
41352 Korschenbroich

Cover-Design: Harald Spilker

Printed in Germany by Amazon
2. Auflage

www.hdav-media.de

ISBN:1536953245
ISBN-13: 978-1536953244

Vorwort

Der Autor dieses Buches ist Kreuzfahrer aus Leidenschaft, zusammen mit seiner Frau hat er unzählige Schiffreisen unternommen, nach der fündundvierzigsten Reise haben sie vor einigen Jahren mit dem Zählen aufgehört.

Die Leidenschaft für Seereisen hatte 1984 auf einer fünfwöchigen Reise von Manaus am Amazonas bis nach Genua in Italien begonnen.

Dieses Buch beschreibt kuriose, spannende, und unvergessene Erlebnisse auf Kreuzfahrten durch die ganze Welt und lässt auch kurze Informationen über die besuchten Ziele nicht aus.

Der Autor erzählt auf humorvolle Art über seine Begegnungen, Erlebnisse und Erfahrungen mit fremden Welten, mit Passagieren, mit Einheimischen, mit Freunden, Bekannten, Crew-Mitgliedern und mit seiner Frau.

Viele Geschichten, Eindrücke und Reisedetails sind in lockerer und oft ironisch gedachten Erzählweise niedergeschrieben.

Schmunzeln ist erlaubt und oft sogar unvermeidlich.

1984 MS Gruzia

Manaus, Amazonas und Tischwahl

Im Rahmen eines Incentive-Programms hatte man mich kostenlos für drei Wochen Urlaub mit Ehefrau in den luxuriösen Club Med auf Mauritius im indischen Ozean schicken wollen. Drei Wochen Nichtstun, Luxus, Strand, Sand, Sonnenbaden, Animation, Sterneküche, legere Kleidung, Sport und andere Bedrohlichkeiten kamen auf uns zu. Schlimm.

Umtausch? Kreuzfahrt? Gerne. Badeurlaub gegen Kreuzfahrt. Club Med gegen MS Gruzia. Drei Wochen Mauritius gegen fünf Wochen Amazonas und Karibik bis nach Genua. Club Med Deluxe-Zimmer gegen Doppel-Innenkabine auf Deck 3.

Unsere erste Kreuzfahrt. 1984.

„Da muss man doch immer ´nen Anzug anziehen!?"

Ja. Und mit Messer und Gabel essen, mindestens zweimal jeden Tag. Und den Kapitän mit Handschlag begrüßen.

„Da sind doch nur alte Leute..."

Ja. Wie zuhause, da sind auch fast alle älter als wir mit Mitte dreißig.

Einhundertsechzig Gäste sind an Bord, es wäre Platz für über vierhundert. Die Route war kurzfristig geändert worden und viele Gäste hatten storniert.

Nach sechs Stunden Verspätung in Düsseldorf, dreizehn Stunden LTU-DC10 Flug, eineinhalb Stunden am

Gepäckband und einer halben Stunde Transfer stehen wir mitten in der brasilianischen Nacht fasziniert vor unserem Kreuzfahrtschiff und sind ganz schlagartig wieder hellwach. Wir sind am Pier von Manaus im Regenwald am Amazonas.

Keiner kann jetzt schlafen. Die Lido-Bar bietet Fassbier für eine Mark, Kaffee oder Tee gibt es für die Hälfte, fast alle Mitreisenden sind noch wach - es ist zwei Uhr am Morgen, 26°C und ziemlich aufregend.

„Was machen Sie denn morgen - ääh - heute?"

Manaus oder Amazonas. Was auch sonst.

Der Hafen ist der bedeutendste Umschlagplatz für Waren in der Amazonasregion und das Zentrum der Stadt. Mit über 25.000 schiffbaren Kilometern spielt dieses weit verzweigte Gewässernetz sowohl im Transport als auch im Leben der Einheimischen eine bedeutende Rolle.

Wenige Meter vom Pier unseres Schiffes liegen die typischen mehrstöckigen Amazonasboote in bedrohlicher Schräglage auf dem Flussufer. Aus skurril bemalten Lastwagen wandern Edelhölzer, Bananen, Gemüse, Ersatzteile, Lebensmittel, Benzin, Öl, Motoren, Hacken, Sägen und sonstige Fracht in die kleinen Laderäume unter der Wasserlinie.

Die Boote befahren den Amazonas mit Fracht und Passagieren von der Mündung bei Belem bis weit nach Peru hinein. Passagiere übernachten in mitgebrachten Hängematten im Freien auf den oberen Decks, oft dauert die Reise mehr als vier Wochen.

Kreuzfahrt ist da schon was ganz anderes, man hat richtige Betten. Wir wohnen ganz UntenHinten und ganz eng. Die Dame im Reisebüro wird nach der Reise von uns erfahren, dass eine Doppelkabine nicht aus zwei Räumen besteht, sondern ein wirklich übersichtlicher Einzelraum ist - mit zwei Betten, die platzsparend übereinander angeordnet sind.

Frank und Ulla aus Duisburg bezeichnen sich als erfahrene Kreuzfahrer und gehören zu den zehn Prozent der Gäste, die nicht alt sind. Seine braunen Lederschuhe passen 1984 noch nicht zur blauen Jeans. Während der Wartezeit am Düsseldorfer Flughafen haben wir von Frank bereits eine solide Grundausbildung für Seereisende erhalten.

„Wollen wir den selben Tisch nehmen?"

Er regelt das. Ungefragt veranstaltet Frank die erste Fortbildung über Essensregeln und Sitzordnungen auf Schiffen für Neulinge auf Kreuzfahrten. Ab jetzt sitzen Frank und Ulla für alle Mahlzeiten der gesamten Reise am von ihm erkämpften garantiert besten Vierer-Tisch des Restaurants. Mit uns zusammen.

Seit der Tischreservierung kennt er unsere Kabinennummer.

„Sie wohnen ja auch UntenInnen? Wir wollten ja gerne ObenAußen, aber es war nichts mehr frei."

Einhundertsechzig Gäste, Platz für über vierhundert. Wir hätten die Wahl gehabt.

UntenInnen geht aber. Hotelzimmer sind zwar meist

größer, aber wann ist man schon auf dem Zimmer, das außerdem hier Kabine heißt. Die Betten sind gut, nur die Kombination aus Oberbett, Kurzleiter, nächtlichem Harndrang und anderen ehelichen Begehrlichkeiten stellt sich im weiteren Verlauf der Reise als Problem dar.

Um sieben gibt es das Abendessen, am Anreisetag ist im Tagesprogramm unter Bekleidungsvorschlag "Leger" vermerkt.

„Pünktlich erscheinen, wenn eine Schüssel leer ist, gibt´s nichts mehr nach!"

Grundausbildung von Frank mit Humor.

Die Bedienungsbrigade im Restaurant hat vorab an jeden Platz einen Gruß aus der Küche platziert, es folgt eine „Fischplatte" mit einem Achtel Heringsfilet als Vorspeise, dann russische Blinis, eine Kraftbrühe und als Hauptspeise `Ente mit Orangensauce, Bratkartoffeln nach Hausfrauenart, Mais und gemischter Salat´.

Das Entengericht wird in obiger Reihenfolge aus Schüsseln auf unsere bisher leeren Teller aufgetragen, pro Zutat je ein Kellner mit einer eigenen Schüssel. Als der Bratkartoffelkellner bei Frank ankommt, ist die Bratkartoffelschüssel leer. Nachschub ist nicht eingeplant, Franks Ente bleibt bratkartoffelfrei - unser garantiert bester Vierer-Tisch liegt zwar in der Mitte des Restaurants, aber am Ende der Bedienreihenfolge.

Manaus wirkt trotz der achthunderttausend Einwohner eher klein, das Zentrum fast dörflich. Es herrscht ein feuchtes Tropenklima, während der Regenzeit von

Dezember bis Mai gehen fast täglich starke Schauer nieder. Manaus war einst das Weltzentrum der Gummiproduktion und damals ungeheuer reich. Als dann aber 1920 die Gummibäume nach Asien geschmuggelt wurden, fiel Manaus in die absolute Armut zurück.

Wir sind alleine und zu Fuß unterwegs, sieht man von Frank und Ulla ab, die uns ohne Ortskenntnis recht inkompetent durch die Stadt führen. Vollkommen überwältigt von der wunderbaren Architektur stehen wir schließlich vor dem Wahrzeichen, dem Teatro Amazonas - ziemlich genau einhundert Jahre nach dessen Baubeginn. Das Haus ist 1896 nach zwei Jahren Bauzeit eingeweiht worden, die erste Opernaufführung war 1897.

Niemand beachtet uns, ungestört und unbegleitet öffnen wir das riesige Eingangsportal und treten ein. Der neobarocke Opernsaal für immerhin knapp siebenhundert Zuhörer verschlägt uns die Sprache - die warmen Rottöne der Sesselreihen, wunderbare Kristalllüster an den Balkonen, ein einmaliges Deckengemälde und der wie ein Gobelin gearbeitete Vorhang bilden ein perfektes Ensemble. Irgendwie zieht es mich auf die Bühne - der Blick von hier in den Zuschauersaal ist absolut faszinierend.

Natürlich hatten wir uns vor der Reise schlau gemacht, soweit das 1984 ohne Internet überhaupt möglich war. Flussabwärts treffen sich der fast schwarze Rio Negro und der gelbbraune Rio Solimoes, deren Wassermassen sich kilometerlang nicht vermischen.

„Das müssen Sie vor Ort erleben, am besten mit einem kleinen Boot direkt auf dem Amazonas!"

Richtig. Die Fahrt mit dem kleinen Boot ist klasse und teuer, die kilometerlange Trennlinie aus schwarzem und braunem Wasser haben wir mit der schwimmenden Nussschale sogar überfahren.

Vier Stunden später passieren wir die gleiche Stelle kostenlos mit unserem Kreuzfahrtschiff. Das hatte man uns verschwiegen. Aber die Wiederholung an der Reling mit einem Glas Bier in der Hand hat was.

Man spricht miteinander, auffallend oft, viel mehr als in Hotels, Mitreisende tauschen Erfahrungen aus. Kreuzfahrt scheint eine sehr kommunikative Reiseform zu sein.

„Was haben Sie denn heute gemacht? Wir haben die Fahrt mit dem kleinen Boot gemacht."

Wir auch.

„Ist das Ihre erste Kreuzfahrt? Wir kennen das ja schon, das ist ja unsere dritte Fahrt auf der MS Gruzia, sogar der Hoteldirektor hat sich an uns erinnert, letztes Jahr waren wir ja mit dem Schiff in Ägypten."

Toll, das werden wir wohl auch mal machen.

„Von wo kommen Sie denn? Wir sind ja aus München abgeflogen, ganz schlimm, die Maschine war bis auf den letzten Platz besetzt, aber eigentlich ging das noch ganz gut - wir hatten ja Business-Class."

Wir hatten nur Verspätung.

Am heutigen Abend steht das Willkommens-Dinner

an, "Elegant" ist der Bekleidungsvorschlag. Ulla hat ein langes Kleid für den Gala-Abend mitgenommen und er ein Dinnerjacket, eine schwarze Hose und einen Anzug, das sollte wohl reichen. Wir haben das vorgegebene Gepäcklimit von 30 kg pro Person mit zwei Koffern, zwei ähnlich schweren Handgepäckstücken, Fototasche und Handtasche komplett ausgeschöpft.

Birgit ist seit dem Auslaufen um sechs ein wenig indisponiert, vielleicht sogar schon seekrank, ihr ist übel, aber mit dem Mut der Verzweiflung hat sie sich zur Abendgarderobe durchgerungen.

Vor dem Abendessen begrüßt der Kapitän Victor Grishin die Gäste, jeden einzeln und per Handschlag.

"Geht nicht gut? Sie übel?"

Birgit nickt vorsichtig. Victor Grishin bestimmt einen Kellner, der in Rekordzeit einen Wodka bringt.

"Wodka Medizin, trinken gut, Nastrowje."

Trotz Birgits erheblicher Bedenken erreicht der Wodka ohne Umweg den revoltierenden Magen und bleibt zu ihrer Überraschung auch dort unten. Zehn Minuten danach geht´s ihr sehr gut, seekrank war einmal.

Und jetzt sind wir unterwegs, flussabwärts auf dem Amazonas Richtung Atlantik. Rechts und links begrenzt dichter grüner Regenwald den hier fast fünf Kilometer breiten Fluss.

Mit Friedel und Christel aus Uckendorf stehen wir auf dem Pooldeck in der fast roten Abendsonne an der Reling, umgeben von fremdartigen Geräu-schen aus dem Regenwald, mit Becks Bier und Krimsekt in der Hand.

So also fühlt sich Kreuzfahrt an - schlecht zu beschreiben, wie soll man das nennen? Beruhigende Aufregung, entspannte Neugier oder angespannte Ruhe? Vielleicht ist es ein Virus? Es hat noch nicht mal richtig angefangen, aber das machen wir auf jeden Fall noch mal.

Wir sind infiziert.

Santarem, Buffet und Breves-Kanäle

Das ist ja schon was, eine erste Kreuzfahrt mit Mitte dreißig. Wir brauchen was zum Anziehen. Ein klares Muss ist das Dinnerjacket, die schwarze Hose, die Lackschuhe, die Fliege, der Kummerbund und das Smoking-Hemd mit dem Stehkragen und doppelten Manschetten. Zusätzlich wäre noch ein kompletter Smoking nett, vielleicht sogar mal in Farbe, schwarz hat ja jeder.

Ich bin Kettenraucher und wiege wohl deshalb nur achtundsiebzig Kilo und nehme nie zu, bin dafür aber zwei Meter lang, Größe 94 in der Breite und in der Länge 102. Man rät mir zu einem bekannten Herrenausstatter in Köln, die haben alles für solche Problemmänner und davon sehr viel.

Ein Dinnerjacket, eine passende Hose, ein toller Anzug mit Größe 94 unten und 102 oben muss nur in Länge und Breite angepasst werden, diverse weiße Hemden und eine knallrote Abendjacke mit zwei verschiedenen Revers sowie ein farblich extravaganter Smoking mit Spencer-Oberteil werden nach Fertigstellung aller Änderungen kostenfrei nach Hause geliefert und gesellen sich zu den dort vorhandenen Businessanzügen aus dem Lagerverkauf von Hugo Boss.

Hoffentlich reicht das.

In der kleinen feinen neuen Damenboutique im Nachbarort soll ich kommentieren, wie chic die Modelle von diversen Kleiderständern meine Frau dekorieren. Ich bin ziemlich begeistert, plündere selbst den Vorrat der Boutique und animiere meine Frau zu weiteren Anproben. Jetzt bekommen wir Sekt und nach gut vier Stunden viele wunderschöne Tragetaschen. Schuhe hat sie ja schon genug, dachte ich.

Ich lerne, dass ein Kleid und ein Schuh und Strümpfe und ein Tuch und ein Ring und ein Ohrring und eine Handtasche immer als Ganzes zusammenpassen müssen und erst in der Gesamtheit die gewünschte Wirkung entfalten.

Die Kleider hatten wir ja jetzt.

Wir sind auf dem Amazonas unterwegs. In Santarem hat uns eine als Taxi bezeichnete VW-Käfer - Erstausgabe für drei Dollar über eine Lehmpiste vom Schiff ins Zentrum gebracht. Die Kathedrale Nossa Senhora Da Conceicao macht aus dem Dorf einen Ort, Ochsenkarren sind die bevorzugten Transportmittel für alles Mögliche.

Ein riesiger überdachter Marktplatz ist das Versorgungszentrum für die Einwohner, hier gibt es vom lebenden Ochsen über Fahrradschläuche bis hin zu warmem Essen aus gefühlten dreißig Garküchen praktisch alles. Das Marktdach aus Tuchresten beginnt bei mir als Zweimeter-Mensch etwa in Schulterhöhe und zwingt mich zu einer seltsamen Körperhaltung, was die meisten Beobachter mit einem belustigten Lächeln honorieren.

Den Weg zurück zum Hafen versuchen wir ohne den antiken Käfer, es geht vorbei an den bunten Amazonasbooten und riesigen Bergen von grünen Bananen, Wassermelonen und fremdartigen Früchten, die mit den Ochsenkarren zum Markt mit dem viel zu niedrigen Dach gebracht werden. Es ist laut, es riecht, alles scheint in Bewegung, irgendwo ist gute laute Musik, die Menschen sind freundlich, kommen auf uns zu, lachen uns an, wir müssen dies und das probieren.

15 Jahre später gehen wir in Santarém durch ein modernes Shoppingcenter, die Stadt mit rund 270.000 Einwohnern ist wirtschaftlich gesehen recht wohlhabend geworden, es gibt hier Bodenschätze wie Gold und Bauxit. Die Einwohner verdienen ihr Geld aber immer noch überwiegend mit der Zucht von Rindern und mit dem Fischfang. Auch der Handel mit Edelhölzern, Pfeffer, Soja, Paranüssen, Jute, Sojabohnen und Kautschuk bringt den Menschen ihren Lebensunterhalt ein.

Heute ist die Bata Illic-Show, wir sitzen im Musiksalon und harren der Dinge, die da kommen sollen. "Michaela" ist sein bisher einziger Hit, wir sind natürlich gespannt, was es da noch so gibt.

Friedel und ich sind Biertrinker, Christel will erst einmal ein Glas Weißwein, Frank bestellt einen Cocktail und Ulla Mineralwasser, das ist billiger. Birgit ist an der Reihe, sie will heute eine Flasche Krimsekt für sieben Mark probieren. Es finden sich keine Mit-Interessierten, aber über den ganzen Abend verteilt, scheint eine Flasche nicht zu viel.

"Eine Flasche Krimsekt, bitte."

Der Kellner ist irritiert.

"Krimsekt…wie viel Gläser ich bringen?"

Ein Glas.

"Ja. Alle Glas, sechs Glas, gut."

Nein, eine Flasche Krimsekt mit nur einem Glas. Nur für mich.

"Ich nix verstehen Moment holen Chef."

Der Chef ist abwesend und wird kurzerhand durch einen Kollegen ersetzt.

"Was möchten haben Frau trinken?"

Eine Flasche Krimsekt.

Der Ersatzchef nickt und überschüttet seinen Kollegen mit einer wortreichen Aufklärungskampagne in russischer Sprache, die dieser mit beidseitigem Schulterzucken kommentiert. Inzwischen hat an der Theke der Barmann eine Flasche Krimsekt in einem Sektkübel mit Eiswürfeln umgeben und der Ersatzchef kann uns das Ergebnis der von ihm ja perfekt aufgenommenen Bestellung präsentieren. Das Öffnen der Flasche wird zum Ritual, Krimsekt ist nach Wodka für die russisch orientierten Bediensteten das Größte überhaupt.

"Wie viele Glas Sie wollen?"

Ein Glas. Nur für Birgit.

"Äöhmm…Bitte?"

Nur ein Glas.

Er bringt sechs Gläser und beginnt, das erste mit Krimsekt zu füllen, bevor er nach Birgits deutlichem Veto für das Füllen weiterer Gläser das Unfassbare begreift:

Diese Flasche will Birgit für sich ganz alleine. Hinter der Theke bemerke ich eine wachsende Anzahl von Kellnern, die wohl erstmalig erleben dürfen, dass eine einzelne Dame eine ganze Flasche Krimsekt vollkommen alleine trinken will und wohl auch kann.

Ab jetzt ist Birgits Bekanntheitsgrad beim Personal nicht mehr zu übertreffen. Ulla´s Wasserglas ist inzwischen leer, Birgit hat´s mit Krimsekt aufgefüllt.

Bata Illic begrüßt sein Publikum und singt anschließend live seinem Hit `Michaela´, die restlichen einundfünfzig der insgesamt sechzig Minuten Bata-Illic-Show füllt die hervorragende georgische Band Labyrinth.

An der Mündung wird der Amazonas über 250 Kilometer breit, verzweigt in viele kleine Kanäle, die mitten durch den dichten Regenwald führen. In den Breves-Kanälen passiert unser Schiff immer wieder einfachste Holzhütten am Flussufer, direkt dahinter der dichte Regenwald - oft liegt auf den wackligen Stegen vor den Hütten ein großer Teil des Hausrates. Frauen und Kinder winken uns fröhlich zu.

Die Kanäle sind hier sehr eng für das im Verhältnis viel zu große Schiff, an einigen Stellen ist das Grün zum Greifen nah.

Die Bugwelle spült über das Ufer, erreicht eine Hütte, der Steg knickt ein, das Ganze gerät ins Schwanken.

Sekunden später löst sich das gesamte Bauwerk in seine Einzelteile auf und rauscht in den Fluss. Hausrat, Kleidung und Abfälle schwimmen neben unzähligen Holzbalken im trüben Amazonaswasser.

Tiefe Betroffenheit verdrängt plötzlich unsere vorherige Begeisterung.

Es ist kurz vor sieben, Abendessen. Wir sollen pünktlich sein...

Belem, Ver-O-Peso und Bus Nummer 3

12. November 1984, Belem, Brasilien. Ankunft 7:30 Uhr. Abfahrt 18:00 Uhr, letzter Einschiffungstermin 17:30 Uhr. Zehn Stunden Aufenthalt.

„Gehen Sie bitte ohne Schmuck von Bord, nehmen Sie nur das Nötigste mit - und bitte keinerlei Wertsachen."

Aber ohne Kamera gibt es keine Fotos.

In Belem fallen jährlich etwa 1600 Menschen einem Mord zum Opfer, Verstümmelungen, Vergewaltigungen oder anderweitige Gewalttaten außen vor gelassen.

Schuld an diesen Zahlen dürfte insbesondere die allgegenwärtige Mischung aus Massenarmut und Drogen sein, die sich immer wieder gegenseitig befruchtet und in Straßenkämpfe und Bandenkriege mündet. Das daraus entstehende Zusammenspiel aus Beschaffungskriminalität, Vergeltungsakten und sinkender Hemmschwelle lässt die Stadt im Nordosten Brasiliens nicht nur nachts zu einem lebensgefährlichen Pflaster werden.

Acht Uhr. Vier Busse sind für den Halbtagesausflug bestellt. Das ergibt also sechzehn Plätze in der ersten Sitzreihe, abzüglich der reservierten Sitze für Tourbegleiter, Guide und - so erforderlich - für Behinderte oder für Gäste mit geliehenen Gehhilfen oder Tagesgips. Die Poolpositions für die Erstbesteigung der Busse sind bereits seit zwanzig Minuten erfolgreich besetzt.

„Halten Sie bitte Ihre Tickets bereit."

Der von den Ersteinsteigern angestrebte Sitzplatz in der ersten Sitzreihe liegt direkt vor der Wand der Fahrerkabine, die in Brasilien aus Sicherheitsgründen über die komplette Busbreite den Fahrgastraum vom Gästeraum abtrennt und den Blick nach vorne komplett versperrt.

„Guten Morgen liebe Gäste. Ihr lokaler Guide für die Stadtrundfahrt in Belem heißt José und spricht englisch, der Busfahrer heißt Pedro, spricht gar nicht oder wenn doch, dann nur portugiesisch. Merken Sie sich Ihre Busnummer 3. Wir wünschen Ihnen einen schönen Ausflug in Belem, zum Mittagessen sind Sie wieder zurück."

`Ver o peso´ - achte auf das Gewicht - so lautet der Name des städtischen Marktes direkt am Hafen von Belém. Das Fischmarkt-Gebäude am Ver-o-Peso ist eine fast grazile Eisenkonstruktion, von Henrique la Roque entworfen und 1901 erbaut. Am Morgen werden am Hafen die Fische des Amazonas entladen und Bauern bringen frisches Obst und Gemüse von ihren Farmen im Landesinneren.

In der Fischhalle drängeln sich die Käufer vor den überladenen Fischtheken und wir uns durch die Menschenmenge. Hinter den Fischhaufen befreien Händler die verkauften Fische von ihren Innereien, Flossen und Schuppen, die anschließend irgendwo unter dem Verkaufsstand landen.

Es ist 32°C, sehr laut und der Gestank ist ein unvorstellbarer Mix aus Fischgeruch, Verwesung und Körperschweiß, auf dem Boden klebt eine undefinierbare Brühe aus Fischblut, Eiswasser, Öl und Abfällen.

Zwei junge Fischverkäufer bemerken mich, meine Kamera und mein Bemühen, sie damit unbemerkt zu fotografieren. Fragend lächelnd starte ich eine wortlose Kommunikation, als Antwort heben sie spontan den besten noch kompletten Anderthalb-Meter-Fisch hoch und posieren mit einem herzlichen Lachen für mein Bild des Tages.

Es ist furchtbar und schön hier, je nachdem, wie man es sehen will.

Weiter geht es, kaum zu glauben, alle sind pünktlich am und im Bus. „Wir kommen jetzt zu der schönsten Kirche in Belem." Man merkt Josés Begeisterung schon bei der Ansage, wir sind sehr gespannt.

Die Kathedrale Metropolitana ist landestypisch, sehr schön, sehr gepflegt und auch für das europäische Auge wirklich sehr beeindruckend. Sie liegt malerisch von der Morgensonne beleuchtet etwas abseits der Stadt auf einem Hügel mit grandiosem Rundblick.

„Die Wertsachen können im Bus bleiben."

Sechzehn Gäste fotografieren ihre Dias noch bevor die anderen ausgestiegen sind: Frau vor Kirche im Gegenlicht mit Sohn unter Baum und Laterne im Vordergrund.

Etwa zwei Drittel der einundvierzig Mitreisenden aus Bus 3 können die Erklärungen des kompetenten brasilianischen Tourguides José in englischer Sprache mit portugiesichem Akzent hören, ein Drittel davon versteht aber kein Englisch und alle anderen stehen zu weit hinten, um überhaupt etwas mitzubekommen. Gefühlte fünfzehn Minuten schult der extrem kompetente José unsere Konzentrationsfähigkeit mit beeindruckenden Informationen über die Kirche, den Erbauer, die Architektur, die geschichtlichen Hintergründe und ergänzt das Ganze mit Episoden, Zahlen, Daten und Fakten.

Wir stehen weit hinten, das Gesagte kommt nur bruchstückweise an:

Vasco da Gama - hatte eine Grundfläche von 146 Quadratfuß, das Kirchenschiff innen - 1843 Meter hoch, der rechte Türflügel - 63 Jahre alt, die komplette Fensterverglasung - aus reinem Rosenholz - stammt aus Europa, der Architekt - beim Anlegen des Rasens ums Leben gekommen. Der derzeit amtierende Priester hat Übergewicht, was in Lateinamerika sehr selten vorkommt.

Busnummer 3, Abfahrt in sieben Minuten, von hier bekommen Sie das beste Bild - Reisen bildet.

An der Kreuzung hinten links gibt es einen wunderschönen, schattigen Platz, wahrscheinlich etwas älter als die Kirche. Zwei betagte Brasilianer, vermutlich Rentner, sitzen auf einer altersschwachen Holzbank und betrachten die Touristen.

Drei junge Mädchen in blau-weißen Schuluniformen stehen am leeren Brunnen gegenüber der Kirche und lachen über den kuriosen Zweimeter-Weißen mit dem großen Fotoapparat. Hinter uns steht ein wunderbares altes Haus aus der Kolonialzeit, dessen Fassade im Laufe der Jahre sehr gelitten hat.

Die grellrote Cola-Reklame neben der Eingangstüre scheint neu zu sein, oben rechts im halb offenen Fenster sehe ich einen frischen bunten Blumenstrauß.

Sehenswert.

Im Bus Nummer 3 fehlen zwei Gäste. Wir haben uns abgemeldet, der Taxifahrer an der Ecke freut sich über die unerwarteten Fahrgäste.

Regenwald, Ostereier und Wasserfälle

In der Karibik ist vor drei Wochen ein Wirbelsturm über die Inseln gerauscht, es gibt eine Menge zerstörter Natur, am Anleger der Tenderboote auf Dominica ist der Strand völlig von abgebrochenen Palmwedeln und Seegras bedeckt.

Dominica liegt zwischen den französischen Karibikinseln Guadeloupe im Norden und Martinique. Einige der höchsten Berge der Kleinen Antillen, über 300 Flüsse und Bäche sowie etliche Seen befinden sich auf der Insel, der Morne Diablotins ist mit 1447 m die höchste Erhebung Dominicas und der zweithöchste Berg der Kleinen Antillen.

Wir sind alleine unterwegs, Friedel und Christel haben einen Ausflug gebucht, wir wollen versuchen, ein wenig weiter in den Regenwald zu spazieren. Der Taxifahrer scheint das verstanden zu haben und bringt uns an eine kleine Hütte, die am Ende eines Lehmpfades mitten im Wald liegt.

Hier treffen sich zwei kleine Bäche, einer kalt, der andere warm. Drei Tische mit Stühlen weisen die Hütte als Bar oder Restaurant aus, aber alles ist extrem bescheiden und einfach, wir bekommen Mineralwasser aus der Dose.

Dreißig Minuten gibt uns der Taxifahrer für einen Rundgang im Dunstkreis der Regenwald-Bar und setzt sich wieder in seinen Wagen. Fast gleichzeitig taucht aus dem Regenwald ein Mann auf, dunkelhäutig, fast zahnlos, nackt bis auf eine alte Shorts und einen langen Gummimantel, der vom Schnitt her an den Film "Spiel-mir-das-Lied-vom-Tod" erinnert.

"I am the gardener! It is all mine here. Follow me, I show you my Rainforest!"

Wir schauen uns an, ungläubig, aber durchaus gespannt - keine Dollarzeichen in den Augen, er verlangt nichts, er ist ein Unikum, sehr freundlich, Dauerlacher und er macht die verrücktesten Verrenkungen, um uns zu überzeugen, mit ihm zu kommen...

Letztendlich - was soll´s - wir können ja mal sehen, was er uns zu zeigen hat.

Er führt uns in den Regenwald, wir hören viele Worte, viele Erklärungen in einer Sprache, die nur in einzelnen Tönen an Englisch erinnert. Nach wenigen hundert Metern sind wir wohl auf "seinem" Weg, ein Gewässer rechts, Flusskrebse, und allerlei Getier holt er aus dem Wasser und versucht es zu erklären.

Der Wald wird immer dichter und sein Körpergeruch immer deutlicher.

Birgit hat Lackschuhe mit Keilabsatz an, das ist der Wanderung nicht gerade angemessen. Nach etwa zwanzig Minuten landen wir auf einer geräumigen Lichtung, auf einer überraschend glatten grünen Wiese steht eine kleine, ziemlich bunte Hütte, umzäunt mit einem niedrigen Holzgeflecht.

"My Home, beautyfull! All mine, I am the gardener of all..."

Er ist der Gärtner des Regenwaldes, und so sieht er auch aus. Seine Wiese hat er mit Kakteen dekoriert, auf deren Spitzen sind ausgeblasene Eierschalen gesteckt, die bemalt sind wie die Ostereier aus unserer Kindheit.

Er selbst ist stolz, sehr stolz und wirkt irgendwie total bekloppt.

Egal. Es geht weiter - über die Wiese hinweg, wieder in den Regenwald, über kaum erkennbare Wege, durch kleine Bäche und dann relativ steil bergab, bis vor uns ein unbeschreibliches Naturerlebnis auftaucht: Ein etwa 12 Meter hoher Wasserfall fällt von einem Felsen herunter, der von der üppigen Vegetation praktisch vollständig verdeckt ist, in einen winzigen See mit grünblauem Wasser, ein spektakulärer Platz. Rundum riesige Baumfarne, Lianen hängen von oben bis ins Wasser hinab.

Wir sind begeistert und haben vollkommen die Zeit vergessen, inzwischen ist rund eine Stunde vergangen, seitdem wir unser Taxi an der Regenwaldbar zurückgelassen haben - es ist längst Zeit für den Rückweg. Natürlich entlohnen wir unseren Gummimantelträger, aber das kann er kaum fassen, er ist augenscheinlich wirklich nur sehr stolz auf "seine" Welt, die er heute endlich einmal Fremden präsentieren durfte.

An der Regenwaldbar ist man in Aufruhr, wir sind überfällig, niemand hatte den verrückten "Gardener im Gummimantel" bemerkt, der uns verschleppt hatte, unser Taxifahrer ist gleichzeitig stocksauer und erleichtert, als wir aus dem Dunkel des Urwalddickichtes auftauchen.

Eine anerkennende Überzahlung des ausgehandelten Taxipreises bessert aber seine Laune, nach einer halben Stunde sind wir wieder auf der MS Gruzia.

Touristen sind 1984 auf Dominica noch nicht üblich, viel später erhält der sensationelle Wasserfall im Regenwald den Namen "Emerald-Pool" und wird zu einem der touristischen Highlights mit mehr als fünfhundert Besuchern am Tag.

Der Nationalpark Morne Trois Pitons ist seit 1997 Weltnaturerbe.

Miss Gruzia, Papillon und Abschiedsdinner

Etwa zur Halbzeit der Kreuzfahrt wird eine `Miss Gruziya´ gekrönt, als ebensolche Miss betritt meine Frau nach der Veranstaltung dann in einem fast feierlichen Akt am Arm des Kapitäns das Restaurant und eröffnet das Mitternachts-Galabuffet.

Ein Ehemann für den anderen Kapitäns-Arm ist nicht eingeplant. Ich bleibe bei Frank und Ulla und lerne mehr über Unterhaltung auf Kreuzfahrtschiffen.

Meine leichtfertige spätere Einladung zum Umtrunk in der Bar erreicht wohl versehentlich alle Gäste, nur drei bis vier der ganz Alten der Älteren versagen uns einen Besuch. Es wird eine lange Nacht irgendwo auf dem Atlantik zwischen der Amazonasmündung und der Karibik, nicht weit weg von der Ille´de Salut, der Teufelsinsel. Hier war der Drehort des Films Papillon nach dem gleichnamigen Roman von Henri Charrière, der wegen Totschlages zu lebenslanger Zwangsarbeit in Französisch-Guayana verurteilt worden war.

Am Ende unterschreibe ich dann für die Spontanparty mit gefühlten einhundertzwanzig Gästen einen Endbetrag von 76,00 DM - es ist von Vorteil, die russischen Barkeeper und Keller mit einzuladen.

Das hatte Frank nicht gewusst…

Es folgen Martinique und Guadeloupe in der Karibik und gestern noch Funchal auf Madeira. Fast fünf Wochen mit bis zu vier Mahlzeiten pro Tag - Frühstück, Mittagessen, Abenddinner und das Mitternachtsbuffet.

Heute ist Abschied, großer Bahnhof, Galaabend und Abschiedsdinner mit Galakleidung. Morgen ist Ausschiffung, dann sind wir in Genua. Bis zwei Uhr in der Nacht sollen die Koffer vor die Kabine gestellt sein, das Personal bringt das Gepäck von Bord zur Halle, wo wir es erst am Morgen wiedersehen werden.

Es ist jetzt fünf Uhr am Nachmittag, wir sind in unserer Stockbettenkabinenwelt HintenUnten. Gala-Abend heißt Aufbrezeln - Haare, Nagellack, Pumps, Abendkleid, Strumpfhose, Lippenstift, Eyeliner, Lidschatten, Makeup und Rouge als Ganzes müssen perfekt sein, dazu der Schmuck und die edle Handtasche.

Ich selbst dekoriere mich mit dem farblich extravaganten Smoking mit Spencer-Oberteil, den schwarzen Lackschuhen, dem Smoking-Hemd mit Stehkragen und den doppelten Manschetten und beginne mit der Suche nach den Manschettenknöpfen, die Fliege hatte Birgit mir schon herausgelegt.

"Wo sind denn die Manschettenknöpfe?"

"Die müssen in der Schublade sein."

Da hatte ich schon nachgesehen, vorsichtshalber starte ich einen zweiten Versuch, der wie schon vorher ohne Ergebnis endet...

"Wo können die denn sonst noch sein?"

"Die waren da drin! Die hab´ ich eben noch gesehen!"

Ich nicht. Ich beschäftige mich ersatzweise erst einmal mit den Lackschuhen, Birgit erscheint mit halbfertiger Frisur im Türrahmen des winzigen Bades.

"Hast Du die Manschettenknöpfe?"

Nein. Ihr Griff in die Schublade fördert ein unscheinbares buntes Säckchen hervor, oben zusammengebunden, darin Kettchen, Modeschmuck, Ohrstecker und zwei goldene Manschettenknöpfe.

"Ich hab doch gesagt `in der Schublade…´!"

Ja. Aber nicht in der Schublade versteckt. Nach gefühlten zehn Minuten sind die Dinger in den viel zu engen Knopflöchern des Smokinghemdes mit den doppelten Manschetten befestigt und ich im frischen Hemd fast schweißgebadet. Ich denke über ein neues Geschäftsmodell nach: Smokinghemden mit normalen Manschetten und Knöpfen könnten ein sehr erfolgreiches neues Marktsegment in der Bekleidungsindustrie werden.

Die nächste Aufgabe steht an. Auf dem Bett liegt eine brandneue und sehr dekorative Fliege für den Stehkragen des Smokinghemdes. Birgit arbeitet noch an der zweiten Hälfte ihrer Frisur.

Nach vier misslungenen Versuchen ist die Länge des Fliegenhalsbandes hemdgerecht eingestellt und muss jetzt nur noch am lebenden Objekt befestigt werden. Ich bin nicht ganz sicher, ob die Spitzen des Hemdkragens vor oder nach dem Anbringen der Fliege heruntergeklappt werden sollten.

Die Praxis lehrt mich aber, dass heruntergeklappte

Kragenspitzen das Anbringen der Fliege erschweren. Schon beim zweiten Versuch sitzt die Fliege überraschend perfekt, ich klappe die Kragenspitzen herunter und mein Spiegelbild zeigt spontan so etwas Ähnliches wie Eleganz. Birgit ist mit ihren Haaren fertig und mustert mich kritisch.

"Deine Fliege ist falsch rum."

Wieso? Find´ ich nicht.

"Das sieht man doch."

Sie klappt meine Kragenspitzen nach oben und beseitigt das Ergebnis meiner vorherigen Bemühungen. Kurz darauf ist die Fliege wieder an ihrer Stelle, die Kragenspitzen sind nach unten geklappt und Birgit ist zufrieden. Mein Spiegel zeigt immer noch so etwas Ähnliches wie Eleganz, genau wie vorher. Der Gala-Abend kann beginnen.

Im Musiksalon verabschieden sich die Offiziere und der Kapitän von den einhundertsechzig Gästen, am Eingang steht für jeden Gast ein Glas Sekt bereit. Unser Kreuzfahrtdirektor informiert uns über die unglaubliche Menge an Seemeilen, Eiern und Bier, die wir auf unserer Kreuzfahrt verbraucht haben und erinnert kurz an die angelaufenen Häfen und dortigen Erlebnisse.

Der Kapitän hat einen Teil der Offiziere mitgebracht und bedankt sich in gebrochenem Deutsch für unsere Mitreise, der Koch bekommt den größten Applaus.

"Ich hebe mein Glas und danke Sie für das Reise auf MS Gruzia und hoffe kommen bald wieder Sie. Nastrowje!"

Unsere Sektgläser sind seit rund fünfzehn Minuten leer, Nachfüllen war wohl nicht geplant. Wir heben also das leere Glas - wie die meisten in unserer Nähe.

"Die Restauranttüren sind jetzt für sie geöffnet."

Das letzte Abendessen unserer ersten Kreuzfahrt heißt offiziell Abschiedsdinner. Die Kellner tragen russisch-folkloristische Kleidung, die Tische sind aufwändig dekoriert und die festgelegte Speisenfolge ist ein Erlebnis, das seinesgleichen sucht, zumindest für Neulinge wie uns.

Auch bei Frank fehlt diesmal nichts aus den sechs Gängen.

Mit einem neidvoll-deprimierten Gesichtsausdruck angesichts der dekorativen Schmuckausstattung meiner Frau erzählt Franks Ulla von ihrem persönlichen Schmuckhändler, der Ihr immer wieder mal aktuelle Schmuck-Kollektionen zur Auswahl nach Hause bringt.

"Ich liebe so was und hab´ auch ´ne große Auswahl, aber die hab´ ich diesmal zuhause gelassen. Am Amazonas muss man das ja nicht unbedingt haben, das passt ja nicht zu einer Reise in solch arme Länder."

Schätzungsweise 79 Damen der 80 weiblichen Gäste haben das wohl anders gesehen als Ulla.

Der `Russische Abend´ krönt das Unterhaltungsprogramm der gesamten Reise mit unglaublich professionellen Auftritten von Tischkellnern, Offizieren, Kabinenstewards und akrobatischen Tanzeinlagen der ukrainischen Crew. Russische Folklore, Birkentanz, Kasachok, Kostüme und wunderbare Gesangsstimmen sind hervorragend koordiniert.

Die Tanzfläche ist zur Tundra geworden, wir sind in eine andere Welt entführt worden.

Nach der letzten Last Order unserer ersten Kreuzfahrt hat Birgit in unserer Kabine die Abendgarderobe noch im letzten Koffer unterbringen können, quasi bettfertig unbekleidet schiebe ich das Gepäck um 1:45 Uhr aus der Kabinentür auf den Gang, von dort wird es das Personal zur Halle bringen, wo wir es erst am Morgen wiedersehen sollen.

Das Bordradio holt uns gegen sieben mit leisem Vogelgezwitscher ganz sanft aus dem Schlaf.

"Wo ist denn meine Hose?"

Falsche Frage…Entsetzen…

"Die hab´ ich gestern in den Koffer gepackt…da hab´ ich nicht dran gedacht…Sch…und nun???

"Weiß ich auch nicht, aber ´ne Hose brauch´ ich, ohne geh´ ich nicht hier raus!"

Genua, Dezember, Pullover, Winterjacke und dann ohne Hose - das ist Kopfkino vom Feinsten.

Birgit ist völlig fertig und macht sich auf den Weg, nicht wirklich von einer möglichen Lösung überzeugt. Einer der Kofferschlepper ist recht schnell gefunden.

Er bringt sie zu dem noch nicht in die Halle transportierten Teil des völlig unsortierten Kofferberges, wo die Suche nach der Nadel im Heuhaufen beziehungsweise nach der Hose im Kofferhaufen beginnt.

Eine knappe Stunde später sitzen wir im Restaurant beim Abschiedsfrühstück, beide mit Hose.

1987 MS Kazakstan
Buddha, Ananas und Sisal

Die MS Kazakhstan ist ein Schwesternschiff der MS Gruzia, auf der wir Ende 1984 unsere erste Kreuzfahrt von Manaus bis nach Genua erlebt haben. Insgesamt gibt es vier baugleiche Schiffe, eine MS Belorussia und eine MS Azerbeidschan gehören dazu, alle sind in Finnland gebaut und rund zehn Jahre alt. Die Black Sea Shipping Corperation aus Odessa bereedert die inzwischen zu Kreuzfahrtschiffen mutierten ehemaligen Fähren. Delphin Seereisen aus Hamburg organisiert und vermarktet die Kreuzfahrten der MS Kazakhstan.

Frank und Ulla sind nach unserer ersten Reise einmal bei uns zu Besuch gewesen.

"Ihr wohnt ja genauso, wie Ihr erzählt habt..." ist das Letzte, an das ich mich erinnere, danach haben wir nichts mehr von den Zweien gehört. Wir müssen in Zukunft wohl auf tiefergehende Kreuzfahrtschulungen verzichten.

Es ist kalt in Deutschland am 23. Januar 1987. Wir sind auf dem Weg nach Sri Lanka - der indische Ozean soll's diesmal sein, Colombo als Start und Mombasa in Kenia als Endhafen, dazwischen Madras in Indien, die Seychellen, die Malediven, Komoren, Reunion und Mauritius, danach Madagaskar und schließlich Sansibar.

In Colombo landen wir bei 32°C, unser Schiff

überrascht mit einer fast modernen Ausstattung, neben dem uns schon seit der ersten Kreuzfahrt bekannten Musiksalon mit Tanzkapelle, Tanzfläche und vielen Sesseln hat es eine richtige Diskothek - die Troika-Bar - mit großen Boxen, Wackellichtern, orangenen Couchen und einer Tanzfläche mit blankem Blechboden. Dazu kommt - anstelle des uns von als `Bahnhof´ bezeichneten Ausschanks mit den verbogenen Rohrstühlen auf der MS Gruzia - eine recht gemütliche Tages-Bar.

Christel und Friedel aus Uckendorf bei Bonn sind wieder dabei, für die Reise durch den indischen Ozean perfekt ausgestattet mit Seidenblusen, faltenlosen Langarm-Oberhemden, langen und halblangen Bügelfaltenhosen, Sportschuhen und blitzblank geputzten hochwertigen Lederschuhen. Dazu kommt wie bei uns die Grundausstattung für Kapitänsempfang, Welcome- und Galadinner und Karneval.

Wir haben dieses Mal von unserem Reisebüro eine Innenkabine UntenMitte bekommen, hier stehen beide Betten auf dem Boden, zwar getrennt und gegenüber, aber beide barrierefrei erreichbar.

Sri Lanka war bis 1972 unter dem Namen Ceylon bekannt und ist durch hervorragenden Tee weltberühmt. Im Süden war Ceylon eines der Zentren des antiken Buddhismus, im Norden und Osten prägten hinduistische Tempelkomplexe das Land. 1796 hatte die britische Herrschaft über Ceylon begonnen, 1803 erhielt es den Status einer Kronkolonie und nach der Eroberung des Königreichs Kandy wurde die Insel endgültig britisch.

Indische Tamilen waren zur Arbeit auf den Plantagen im Hochland angeworben worden. 1972 war aus Ceylon die Republik „Sri Lanka" geworden, damals wurden die einheimischen Tamilen als schriftkundige Bevölkerungsgruppe bevorzugt. Mit der Unabhängigkeit wollten nationalistische Singhalesen diesen Machtvorsprung der Tamilen beseitigen, es kam zu bewaffneten Protesten und zur Bildung politischer Bewegungen.

1983 eskalierte der Konflikt zwischen Tamilen und Singhalesen, 1986 eroberte die radikale LTTE die von Tamilen bewohnte Jaffna-Halbinsel und weite Teile der hauptsächlichen Siedlungsgebiete der Tamilen.

Knapp ein Jahr später handeln wir mit Bobby, einem jungen Singhalesen, den Preis für eine Tagestour nach Kandy aus, wo im Zahntempel der Backenzahn Buddhas als Heiligtum von den Buddhisten verehrt wird.

Bobby spricht ein brauchbares Englisch und erreicht mit spontanen Besuchen einer Teeplantage und einer Batik-Manufaktur von den Besitzern ein moderates Zusatzeinkommen für die Anlieferung kaufwilliger Touristen. Wir lernen viel über Tee und Tee-Anbau, Tee-Blätter und Tee-Ernte, obwohl wir alle Kaffeetrinker sind und dieses Wissen wohl niemals umsetzen werden.

Die Weiterfahrt über größtenteils unbefestigte Lehmstraßen führt durch kleine Dörfer, die Gebäude am Straßenrand werden konsequent und gleichzeitig als Laden, Werkstatt, Garage, Restaurant, Müllcontainer, Wohnhaus und Schlafstelle genutzt.

Unser Bobby-Toyota-Gefährt erreicht mühelos Geschwindigkeiten von mehr als 55 km/h, begleitet von vertrauenserweckendem Vibrieren des Lenkrades und tempoabhängigem Klappern der Schiebetür und der Hinterachse irgendwo links. Bobby fährt exakt in der Mitte der Straße und erklärt die Verkehrsregeln:

"Normally we drive left side."

Eine unendliche Abfolge von Lastwagen, Mofas, Karren, Fahrräder oder Autos rasen - stur in der Straßenmitte - auf uns zu, bis sie in Bobby ihrem Meister finden und eine Kollision in letzten Moment durch einen filmreifen Schlenker vermeiden. Bobby scheint das Spaß zu machen.

"Wer bremst und ausweicht, verliert das Spiel!"

In einem Fall werden drei Hühner die Opfer eines Ausweichmanövers, natürlich ist der Ausweichende der Schuldige.

Das Elefanten-Resort ist faszinierend. Früher waren die Elefanten für Arbeiten im Regenwald eingesetzt, das machen heute mehr und mehr die Maschinen. Hier im Resort kümmern sich heute junge Elefantenführer um die Tiere, die durch den Tourismus inzwischen zu einer lohnenden Einkommensquelle geworden sind.

Im Fluss sammeln sich die Führer mit ihren Dickhäutern, die Tiere sind erkennbar guter Laune, wühlen und duschen ausgiebig im frischen kühlen Wasser.

"You try sitting on one oft he elephants??"

Klar, Birgit und Christel auf einem Elefanten, das gibt klasse Bilder... Es gibt keinen Korb oder Sattel, der sympathische Junge sorgt aber dafür, dass beide hintereinander kurz hinter den Ohren auf dem vorderen Rücken des riesigen Elefanten Platz finden, Christel mit der Hose vorne und Birgit mit dem graugrünen Kleid dahinter. Das ganze Gebilde bewegt sich langsam schaukelnd über den Platz, mir gelingt eine Aufnahme, auf der der Faltenwurf in Birgits Kleid mit dem des Elefantenhinterteils fast identisch ist.

Kandy - unser Ziel - liegt im Zentrum von Sri Lanka und war die letzte Königsstadt, bevor König Sri Vikrama Rajasimha 1815 auf Druck der Engländer abdanken musste.

Der Zahntempel im Königspalast ist einer der heiligsten Orte für alle Buddhisten auf der Erde. Hier wird einer der beiden noch erhaltenen Zähne von Buddha aufbewahrt. König Wima-Ladhar-Masuriya I brachte die Zahnreliquie in die damalige Hauptstadt. Sie liegt in sieben ineinander verschachtelten und mit Edelsteinen besetzten Goldschatullen, in der Kammer Vadahitina Maligawa in der oberen Etage des Tempels.

Die Tür zu dieser Kammer ist mit Gold, Silber und Elfenbein geschmückt und wird nur drei Mal am Tag für Besucher geöffnet.

Wir kommen eine halbe Stunde zu spät oder zweieinhalb Stunden zu früh, je nachdem, wie man es sieht.

Draußen im gepflegten Park der Anlage zieren tausende Lotusblüten die Wege und angelegten Teiche, es duftet herrlich, die Tempelanlage strahlt eine wundervolle Ruhe aus und zieht uns in ihren Bann.

Bobby ist nervös, er hat die klare Aufgabe, spätestens um sieben wieder am Schiff zu sein, wir sind ein wenig hinter der Zeit. Auf der Rückfahrt gesellen sich daher weitere Vibrations-und Klapperstellen zu den bisherigen Bobby-Toyota-Geräuschen und die Spitzengeschwindigkeiten der Hinfahrt werden weit übertroffen. Bobby erklärt die Straßenmitte zu seiner höchst persönlichen Fahrspur und gewinnt ausnahmslos jedes Ausweichduell gegen die Entgegenkommenden - wir hätten gern häufiger verloren.

Das Klappern der Hinterachse wird zum Rumpeln, kurz danach ist ein Plattfuß der willkommene Anlass zu einer Pause. Der Klapper-Toyota hat sogar ein Ersatzrad mit Luft und unser Guide macht sich an die Arbeit, nervös, inzwischen schweißgebadet, nach seiner Zeitrechnung sind wir sehr viel zu spät. Was er nicht weiß: Ablegen ist erst um zehn.

"Sorry, wheel ok now, Pineapple for you, this very good, sweet."

Bobby ist fertig, nass geschwitzt und doch auch erleichtert, er überrascht uns mit einer wunderbaren großen Ananas direkt vom Feld gegenüber.

HintenOben an Backbord beenden wir an der Lidobar bei einem kalten Becks-Bier den Ausflug, die Ananas in einer Papiertüte ist noch dabei. Am Nebentisch sitzt ein selbsternannter Kreuzfahrt-Schulungs-Experte für frische Früchte von Feldern aus Sri Lanka auf Kreuzfahrtschiffen und warnt uns:

"Da kann alles Mögliche an Viechzeug drin sein, das können Sie doch hier nicht essen."

Die Ananas geht über Bord und versinkt im indischen Ozean, schade, aber wer weiß…

HintenOben an Steuerbord - auf der anderen Seite des Außendecks - befreit ein älteres Ehepaar eine frische Ananas von einer Papiertüte. Ein aufmerksamer Kellner hat einen Teller mit Messer und Gabel gebracht. Ich werde neugierig:

"Haben Sie keine Bedenken wegen Ungeziefer?"

Überhaupt nicht, sie waren schon oft in Asien, das machen sie immer und das ist überhaupt das Beste, frisches Obst direkt vom Feld, wirklich lecker und für nur einen Dollar so eine ganze Ananas, probieren Sie mal. Guten Appetit. Klasse.

Madras in Indien fällt aus, wir erfahren aber noch nicht, warum.

Inzwischen haben wir festgestellt, dass jeder Gast, der schon einmal eine Kreuzfahrt gemacht hat, ungefragt die Neulinge in allen Belangen der Reise schult.

In diesem Fall - so hören wir von einem solch erfahrenen Kreuzfahrer - muss wohl wieder Mal die Hafengebühr in Madras so hoch sein, dass unser Schiff nicht genug Geld für den Aufenthalt dabei hat und das war ganz sicher auch von vornherein so geplant.

"Und dann fahren die immer irgendwas Kleines an, wo das nicht so viel kostet."

Offiziell ist aber das Wetter schuld, wegen eines Sturmtiefs kann Madras nicht angelaufen werden, wir werden ersatzweise nach Cochin fahren.

"Das ist ein ganz wunderbares kleines Fischerdorf mit ganz interessanten Reusenfischern und einem schönen Strand."

Der Kapitän oben an seinem Mikrofon wird es ja wohl wissen, aber Restzweifel bleiben.

Egal, wir sind jetzt gespannt auf Cochin. Der Ort liegt an der Westküste Indiens und stellt sich als Umschlagplatz und Produktionsstätte von Sisal heraus. Wir wollen Cochin zusammen mit Friedel und Christel erkunden und haben einen jungen Inder mit Auto gefunden, der sich als Taxifahrer bezeichnet und uns sehr geschickt durch enge Straßen mit bunten Lastwagen, viel zu vielen Leuten und sehr viel Sisal zu den versprochenen Reusenfischern fährt.

Die Reusen entpuppen sich als kranähnliche Gebilde mit riesigen aufgespannten Fischernetzen, die vom Ufer aus in das Wasser getaucht werden und anschließend die darin versammelten Fische quasi aus dem Meer löffeln.

Ein halbwüchsiger Inder in löchriger Hose wuselt um uns herum, unser Taxifahrer beobachtet aufmerksam und kritisch sein Bemühen, unsere Aufmerksamkeit zu erlangen.

"Five Dollar, come with me, I show you!"

Keiner weiß, worum es geht, und gerade deshalb ist es

spannend. Wir folgen ihm zögernd ein paar Schritte bis zur Anlegestelle einer extrem rostigen Fähre, die anscheinend zu einer etwa zweihundert Meter entfernten Insel übersetzt. Er betrachtet unsere Neugier als Zustimmung und dirigiert uns auf das schiffsähnliche Boot, Männer links, Frauen rechts, die Geschlechter sind durch ein Gitter auf den Decks streng getrennt.

Bevor wir überhaupt realisieren, was gerade passiert, setzt sich das überladene Rostpaket mit uns und den rund hundert anderen Fahrgästen in Bewegung. Wir finden uns kurze Zeit später auf einer winzigen Insel vor Cochin im Indischen Ozean, weit weg von unserem Schiff und jeder erreichbaren Zivilisation oder Kommunikation wieder. Kinder mit hübschen Schuluniformen lachen über den Zweimetermann und winken uns aufgeregt und freundlich zu.

Unser junger Fünf-Dollar-Guide hat in der Nähe am Ufer zwei Einbäume entdeckt und das mit dem geringeren Wasserinhalt ans Ufer gezogen. Trotz unseres vorsichtigen Protestes bugsiert er uns in das nasse und schaukelnde Unding und bringt uns mit Hilfe eines abgebrochenen Paddels zu einer winzigen Insel, über große Steinbrocken klettern wir an Land. Ein europäisch aussehender Mann begrüßt uns freundlich, er ist Deutscher irgendwo aus Hessen und lebt seit Langem hier. Wir sind in einer Fabrikationshütte für Fußmatten gelandet.

"Sisal ist hier extrem billig und das beste Material für Matten aller Art, wir exportieren in die ganze Welt, alles Handarbeit, billig, die Lohnkosten fallen ja hier nicht ins

Gewicht."

Er zeigt uns die Webstühle, an denen unterernährte Kinder und greise zahnlose Inder Fußmatten mit Worten wie `Willkommen´ oder `Zuhause´ in der Mitte weben, die demnächst vor deutschen Haustüren liegen sollen. Staub aus Sisalfasern bedeckt zentimeterdick Boden, Maschinen und Arbeiter und wohl auch die ungeschützten Atemwege aller hier Beteiligten gleichermaßen…

"Wir liefern viel nach Deutschland, und wenn Sie wollen auch individuell nach Ihren Angaben."

Möglich, aber nicht zu uns.

Äquator, Neptun und Piraten

"ACHTUNG!! Wir bitten alle Gäste bis spätestens 13:00 Uhr das Achterdeck bei der Neptun Bar HintenOben geräumt zu haben, da bereits Vorbereitungen für die Äquatortaufe getroffen werden müssen."

Es ist der 31. Januar 1987, gestern haben wir die Malediven besucht und jetzt sind wir auf dem Weg zu den Seychellen.

Die Äquatortaufe ist ein weltweit übliches Ritual von Seeleuten, wenn ein Besatzungsmitglied oder ein Passagier zum ersten Mal auf See den Äquator überquert. Der Täufling wird von (einem verkleideten) Neptun „gereinigt", erhält einen see- oder wetterbezogenen Scherznamen und bekommt eine Urkunde verliehen.

Der Brauch hat seinen Ursprung in der Zeit der Entdeckungsreisen der Portugiesen, die beim Überschreiten des gefürchteten Äquators ihren Mut und ihre Gläubigkeit durch eine Taufe bekräftigen wollten.

Vor den Fahrten der Portugiesen herrschte die Meinung vor, die Äquatorregion sei zu heiß, um sie zu bewohnen oder zu durchqueren, und eine Expedition in die südliche Hemisphäre müsse unweigerlich tödlich verlaufen.

Während der Reinigung wird der Täufling mit Fischöl, Rasierschaum und anderen „stinkenden" Substanzen „eingeseift". Zumeist wird Alkohol – früher auch Öl oder andere Brennstoffe – verabreicht. Danach wird der

Täufling gebadet und gereinigt.

Gegen 15:00 Uhr soll die MS Kazakhstan den Äquator überqueren, wir warten darauf, das Neptun und sein Gefolge an Bord kommt.

Das Achterdeck ist kaum wieder zu erkennen, überall dekorieren maritime Netze die Treppen und die Reling, am Heck hinter dem Pool protzt ein großer bunter Thronsessel mit glitzernden Tüchern.

Am Rand ist eine Tischreihe mit Schüsseln voll Mayonnaise, Senf, Tomatenbrei und rohen Eiern und einem riesigen frischen Fisch aufgestellt. Zwei Flaschen Wodka und übergroße Spritzen ergänzen das ungewöhnliche Buffet.

Es ist voll, fast alle Gäste wollen das Spektakel miterleben und haben sich auf den verschiedenen Decks rund um den Pool verteilt. Das Wetter spielt mit, wolkenloser Himmel, es ist windstill und die Temperatur ist angenehm, Badekleidung hat sich durchgesetzt.

Fast pünktlich bestätigt das Schiffs-Thyphon die Überquerung des Äquators, gleichzeitig beginnt irgendwo ein leichtes Rasseln und Klappern, das sich recht schnell nähert und dabei zu einem unglaublichen Getöse mutiert.

Eine herrlich bunte Schar Piraten, Seeleute, Seeungeheuer und Seejungfrauen tanzen in Richtung Achterdeck und malträtieren mit Kochlöffeln, Suppenkellen und Fleischklopfern riesige Edelstahlkochtöpfe und Pfannen aus der Schiffsküche.

Am Ende der lauten Prozession folgen Neptun und

seine Gesellen, maskiert und angemalt, mit Perücken und Kostümen hervorragend dekoriert.

Die ganze Kolonne umrundet schreiend und singend den Pool, Neptun besetzt den Thron, sein Gefolge platziert sich am seltsamen Buffet und sichert die Flaschen und Schüsseln.

Eine bislang verborgen gebliebene Gefolge-Gruppe Neptuns hat inzwischen den Kapitän gekapert, der überraschend mit eindrucksvollem schauspielerischen Talent einen übergroßen Schiffsschlüssel verteidigt, letztlich aber planmäßig kurz vor Erreichen des Neptun-Throns unterliegt.

"Die Hoheit der Meere übernimmt die Herrschaft an Bord."

Der Schlüssel gehört ab sofort Neptun auf dem Thron, die Kochtopfkapelle begleitet den Jubel der Gäste lautstark.

„Alle mit irdischem Staub beschmutzen Personen werden mit lauterem Wasser bekleckert, fachmännisch auf ihren Gesundheitszustand untersucht und in das Reich des Beherrschers aller Meere, Seen, Tümpel und Flüsse aufgenommen, nachdem sie für würdig befunden wurden. Von nun an dürfen die Tauflinge frei durch alle Meere kreuzen, wie es ihnen aufgrund der hohen Herkunft gebührt."

Ein erneutes Kochtopfinferno läutet die nächste Phase der Äquatortaufe ein. Jeder, der will, kann sich taufen lassen, und es wollen viele.

Der Proband muss am Buffet entlang, erhält nacheinander je einen guten Löffel Mayonnaise, dann Senf und dazu Tomatenbrei auf Stirn, Haar und Gesicht. So dekoriert folgt die Gesundheitsprüfung durch eine als Krankenschwester verkleidete Seekuh, die nach einem fachmännischen Blick in den Mund des Täuflings diesen mit den vorbereiteten Wodka-Spritzen füllt, um damit weiteren Krankheiten vorzubeugen.

Jetzt sind die Taufkandidaten ausreichend vorbereitet und erhalten den Segen durch Neptun, wenn sie sich demütig bücken und den am Fuß von Neptuns Nixe befestigten Fisch küssen. Zur Bestätigung landet eines der rohen Eier auf dem Kopf, jetzt endlich ist der Gast getauft und sieht furchtbar schrecklich aus.

Die zwei Bordfotografen würden vor Überlastung ganz sicher kurz vor einem Burnout stehen, wenn es den 1987 bereits gegeben hätte.

Natürlich kann kein erfolgreicher Täufling ohne eine gewisse Grundreinigung ins Innere des Schiffes, daher folgt der Taufe ein geselliges Schwimm-Happening in der Mischung aus Meerwasser, Mayonnaise, Senf, Tomatenbrei und rohen Eiern, die jetzt zusammen mit den Getauften den Pool füllt.

Christel, Birgit, Friedel und auch ich konnten uns der Taufe erfolgreich widersetzen. Das Ehepaar neben uns ist erfolgreich getauft und ab heute auf alle Gewässer vorbereitet, salzige, saubere und schwer belastete.

Heutzutage - 2016 - werden außer der alkoholischen

Medizin keine Lebensmittel mehr genutzt, Rasierschaum an den richtigen Stellen kann auch lustig sein.

Zwangsläufig zieht sich das Thema Neptun weiter durch den Tag. Das Abendessen wird zum "Piratendinner", im Restaurant ähnelt die Dekoration der vom Nachmittag am Achterdeck. Für den Abend ist ein Kostümfest angesagt, passend zur Karnevalszeit bei uns zu hause. Wir haben natürlich Kostüme mitgebracht, für kreuzfahrterfahrene Rheinländer ist das ja kein Problem, außerdem habe ich Birgit an Altweiberball kennengelernt.

Auf den sonst penibel eingedeckten Tischen im Restaurant liegen zum "Piratendinner" Besteckhaufen wild herum, Gläser sind umgekippt und Servietten nur ungebügelt und ungefaltet irgendwo zwischen dem Chaos zu finden. Es gibt "Buntes Kielwasser", "Grünen Sumpfschlamm", "Gehackte Seekuh", "Geronnene Delphinmilch" und "Altöl" und fast überall eine herrliche Stimmung.

Die wenigen schlechter gelaunten Gäste in Kleid, Jacke und Krawatte diskutieren darüber, ob diese unmögliche Veranstaltung eine teilweise Rückerstattung des Reisepreises ausreichend begründen kann.

Stockschirme, Botanik und Glühwein

Victoria auf Mahe, Seychellen, 1. Februar 1987, die MS Kazakhstan liegt im kleinen Hafen, es ist heiß, gefühlte 45°C. Hier ist nur das Allernötigste an Kleidung und eine gute Sonnencreme sinnvoll.

Victoria ist die Hauptstadt der Republik der Seychellen. An der Nordostküste der Insel Mahé gelegen, ist sie die größte Ansiedlung und einzige Stadt der Seychellen. Victoria war ursprünglich als Sitz der britischen Kolonialregierung gegründet worden. Die wichtigsten Exporte des Hafens von Victoria sind Gewürzvanille, Kokosnüsse, Kokosöl, Seifen und Guano.

Im Zentrum beeindruckt uns die britisch anmutende `Clocktower´ auf der einzigen Kreuzung. Er ist das bekannteste Wahrzeichen der kleinen Hauptstadt der Seychellen und fungiert schon seit fast 100 Jahren als Mittelpunkt der Stadt. Der Clocktower ist eine elegante Nachbildung der Uhr, die als erste 1897 in London auf der Kreuzung nahe der Victoria Station errichtet wurde. Gouverneur Sir Ernest Sweet-Escott bewunderte diese Uhr während eines Besuches in London und bestellte eine ähnliche als Andenken an Königin Victoria, die 1901 nach 63 Jahren Herrschaft starb.

Die Uhr wurde mit öffentlichen Spenden finanziert und schließlich 1903 hier errichtet. In diesem Jahr feierten die Seychellen auch ihren neuen Status als Kronkolonie, die nun direkt von einem aus London gesandten Gouverneur verwaltet wurde, statt wie bisher von Mauritius aus. Ursprünglich sollte die Uhr auch läuten, was sie aber strikt unterließ.

Gleich hier entdecken wir im ersten Stock einen schattigen Balkon mit einem wunderbaren, kunstvoll geschmiedeten Geländer - Musik verbreitet gute Laune, es ist die kleine Bar des Restaurants Le Rendevous mit bequemen Sesseln und hervorragend gekühlten Drinks. Von hier oben genießen wir den Blick über die kleine Welt der Inselhauptstadt Victoria.

Es ist bunt hier, wir schlendern durch die Straßen, vorbei an einfachen grünen, gelben oder roten Häusern und kleinen Geschäften mit Dingen für den täglichen Bedarf. Die farbenfrohe Kleidung der recht hochgewachsenen einheimischen Frauen leuchtet im Kontrast zu ihrer tiefschwarzen Hautfarbe - bodenlange Wickelröcke, ärmellose blusenartige Oberteile und flache Sandalen dominieren.

Dazu gehört zum Ausgehen anscheinend ausnahmslos ein eingerollter Stockschirm, was uns in Anbetracht der extremen Temperatur, dem Sonnenschein und dem strahlend blauen Himmel schon ein wenig irritiert.

Wir wollen zum Botanischen Garten in Victoria. Die 1901 gegründete und rund sechs Hektar umfassende Gartenanlage ist eine Touristenattraktion und die einzige dieser Art im Inselstaat der Seychellen. Der Botanische Garten untersteht dem Umweltministerium, das dort auch seinen Sitz hat.

Der Park liegt am Fuß des etwa 150 m hohen Berges Mont Fleuri.

Dreiunddreißig Palmenarten sind zu sehen, darüber hinaus beherbergt der Garten sechsundsechzig verschiedene Baumarten, es gibt Riesenschildkröten und Seychellen-Flughunde, im oberen Teil des Gartens befindet sich einer der letzten ursprünglichen Urwälder der Seychellen. Der ursprünglich 1771 als Botanische Station angelegte Garten ist heute als Park eine der wichtigsten Touristenattraktionen auf der Insel Mahé.

Der Garten ist einmalig, hier taucht man in eine vollkommen andere Welt ein. Wir stehen staunend vor einer Coco de Mer, die sonst nur im Vallée de Mai auf Praslin zu sehen ist. Die Meeresnuss ist, nicht nur wegen ihrer Größe, weltweit einzigartig.

Sie wurde als Statussymbol gehandelt und galt als Frucht der Versuchung. An einem der Stämme hängen herzförmige, kürbisgroße Nüsse dicht gedrängt wie Trauben herab.

Sie werden erst mit 20 Jahren ausgewachsen sein, wenn sie zum ersten Mal blühen. Erst dann können die bis zu 18 Kilo schweren Nüsse befruchtet werden. Sie sind die größten Samen im Pflanzenreich.

Wenige Meter weiter ist im Blattwerk einer männlichen Palme das herausragende Gebilde eines Blütenpenis zu sehen.

Der Rückweg in die Stadt ist nicht weit, wir schlendern über kleine Nebenstraßen in Richtung Clocktower. Viele

Gäste der MS Kazakhstan sind hier unterwegs und interessieren sich für Souverniers aus den kleinen Läden am Straßenrand.

"Es fängt an zu regnen!"

Birgit hat das zuerst bemerkt, jetzt habe ich auch einige Tropfen abbekommen. Es ist schwül, gefühlte 35°C. Im nächsten Moment bricht das Chaos aus - sturzflutartiger Regen prasselt herunter und durchnässt uns in Sekunden, eine Flucht unter ein Dach ist mangels Dächern ausgeschlossen. Die Touristen von unserem Kreuzfahrtschiff sind nicht besser dran, patschnass ergeben sie sich ihrem Schicksal. Somit hat sich auch das Rätsel um die vorher sinnlos erscheinenden Stockschirme der Inselbewohner gelöst.

Der Regen hört nicht auf. Nach einiger Zeit nasser Ratlosigkeit bemerke ich einen Bus, der aus Richtung Hafen die Straße heraufkommt und augenscheinlich die Gäste unseres Schiffs einsammelt. Da hat wohl jemand mitgedacht, tolle Idee. Zwei Minuten später sitzen wir im Bus, zusammen mit anderen nassen Mitreisenden. Mehr und mehr füllt sich der Bus, fast als Letzte rettet sich eine junge Frau in das Gefährt.

"Da kommt aber Freude auf!"

Der Rentner vor mir hatte es zuerst gesehen - ihr für den Inselbesuch in großer Hitze perfekt gewähltes dünnes weißes T-Shirt ist inzwischen patschnass und komplett durchsichtig, auf einen BH hatte sie heute verzichtet.

Am Kai wartet Angelo Vincento, unser Kreuzfahrtdirektor, auf die Rückkehr des Tropenregen-Rettungsbusses. Anstelle kühler Drinks hat er heißen Glühwein bringen lassen, den er den Gästen vor dem Einstieg in das klimatisierte Schiff empfiehlt. Auch wir lassen uns überreden, es kann ja nicht schaden, zumal man eine Einschiffung auf den Seychellen mit komplett nassen Klamotten mit Glühwein und 35° Außentemperatur wohl niemals vergessen wird.

"Bitte hängen Sie Ihre Bordmarke wieder an die Tafel zurück."

Alle Gäste haben eine Manifestnummer, in einem viereckigen Kasten im Eingangsbereich hängen der Reihe nach runde Plastikmarken mit Nummern, die die Gäste beim Verlassen des Schiffes mitnehmen und wieder dort aufhängen, wenn sie an Bord zurück sind. So ist auf einen Blick und völlig ohne Computer sichtbar, ob alle Gäste zurück sind oder ob noch jemand fehlt. Das Bordmanifest mit allen Namen und den zugehörigen Kabinennummern hängt direkt daneben - Datenschutz wurde erst später erfunden.

Heute Abend ist Kapitäns-Dinner, der gesellschaftliche Höhepunkt jeder Kreuzfahrt. Keta-Kaviar, Hummercremesuppe, Zander, Rehnüsschen, Käse, Obst und Krimsekt stehen auf der Speisekarte, es ist trockene Abendkleidung erwünscht.

Reunion, Leihwagen und Sardinendose

Es ist Freitag, der 6. Februar. Heutiges Ziel der Kazakhstan ist "Le Port", was für ein Schiff auf See nicht sehr ungewöhnlich ist.

Pünktlich um acht Uhr am Morgen hat unser Schiff die Insel Reúnion erreicht und im Hafen der Gemeinde Le Port festgemacht. Die Insel gehört mit dem 200 km entfernten Mauritius zu den Maskarenen, die 1511 von Pedro Mascarenhas entdeckt wurde. Reunion bildet politisch ein Übersee-Département sowie eine Region Frankreichs.

Saint-Denis - Heiliger Dionysius - ist der Hauptort der französischen Insel und liegt im Norden der Insel direkt am Meer, etwa zwanzig Kilometer vom Liegeplatz der Kazakhstan entfernt.

Zwei organisierte Ausflüge sind angeboten, Buchungsschluss war vor einer Woche. Die Ganztagestour zeigt den Gästen die Vulkanwelt Reunions für 104,00 DM, preiswerter ist der halbe Tag für 58,00 DM zum Mount Mado.

Eine Vulkankette, deren höchste Gipfel der Piton des Neiges (3070 m) und der noch aktive Piton de la Fournaise (2631 m) sind und die durch Hot-Spot-Vulkanismus entstanden ist, verläuft quer über die ganze Insel. Der Piton de la Fournaise zählt mit mehr als einer Eruption pro Jahr zu den aktivsten Vulkanen der Welt und steht daher unter permanenter Überwachung. Der Aussichtspunkt Piton Maïdo liegt auf einer Höhe von 2200 m und verspricht eine atemberaubende Aussicht in einen majestätischen Talkessel.

Friedel, Christel, meine Frau und ich als völlig ahnungslose Kernkompetenz haben noch vor dem Buchungsschluss für Ausflüge während einer ausgedehnten Sitzung in der Troika-Bar mehrstimmig den Beschluss gefasst, auf Reunion einen Leihwagen zwecks ungestörter Erkundung der Berg-und Vulkanwelt zu mieten. Das Tagesprogramm verspricht Leihwagen in ausreichender Zahl und gutem Zustand und listet die einschlägig bekannten Unternehmen auf.

"Kreditkarten sind überall willkommen, Geld brauchen Sie nicht zu wechseln."

Im Taxi zur Autovermietung Hertz kann ich mit Deutscher Mark bezahlen, den Taxi-Umrechnungskurs des französischen Francs versuche ich bis heute vergeblich nachzuvollziehen. Hertz vermietet uns für umgerechnet 56,00 DM inklusive aller Versicherungen ein winziges französisches Auto, angeblich mit 4 Plätzen, vollgetankt und brandneu, Kilometerstand 743. Dazu gibt es eine Straßenkarte, auf der wir unsere Wunschroute erkennen, und herrliches Wetter bei 27°C.

Die N1 ist vierspurig ausgebaut und führt in Richtung Westen direkt am Meer entlang, nach kurzer Fahrt bringt uns der Peugeot-Winzling auf einer herrlichen Serpentinenstraße hinauf in die Berge. Die Landschaft ist einmalig, immer wieder halten wir kurz, um die spektakulären Ausblicke zu genießen. Hier oben ist der Reunion-Tourismus noch nicht angekommen, es ist fast einsam, keine Autos, keine Wanderer, wir sind vollkommen allein und genießen die Ruhe der Umgebung.

Inzwischen haben wir eine Höhe von etwa eintausend Meter erreicht, die Luft ist klar und ein wenig kühler als unten an der Küste. Unser Peugeot-Winzling sieht das ganz anders, sein Kühlwasser-Thermometer nähert sich dem roten Bereich, was mir nun nicht wirklich Spaß macht.

"Ich glaube, wir haben ein Problem…das Kühlwasser kocht."

Motor aus und nachsehen hilft auch nicht, die Temperaturanzeige bleibt in der Nähe der roten Marke. Vorsichtig öffne ich den Schraubdeckel des Kühlers und erwarte Dampf oder Zischen oder was auch immer - nichts passiert.

"Da ist ja gar kein Wasser drin!"

Ohne Wasser wären wir wohl niemals heil bis hier oben gekommen, also ist der Inhalt irgendwo hier verloren gegangen, es handelt sich also um ein ernstes Problem. Wir haben an einer Abzweigung angehalten, rechts geht es weiter aufwärts, links scheint es wieder bergab zu gehen.

Friedel entdeckt ganz nahe bei uns einen winzigen Bach.

"Hier ist Wasser, dann können wir doch nachfüllen."

Es klingt wie eine vernünftige Lösung, aber wie bekommt man Wasser aus einem Bach in den Kühler eines Autos, wenn man keinerlei Gefäß hat? Ratlosigkeit macht sich breit, Birgit und Christel verbreiten dazu eine besorgte Stille.

"Ich hab´ was!"

Friedel präsentiert eine weggeworfene leere Sardinendose und balanciert damit homöopathische Mengen Wasser zum Problemauto. Nach dem sechsten oder siebten Nachfüllen hat Friedel Trainingsüberschuss und verliert zwischen Bach und Kühler kaum noch Wasser.

Dann sehe ich rechts unten vor dem defekten Peugeot ein kleines nasses Rinnsal in Richtung tiefergelegener Natur laufen - was oben eingefüllt wird, läuft unten direkt wieder heraus. Der Kühlerschlauch ist geplatzt, und das wohl an der untersten Stelle.

"Friedel, lass sein, das geht so nicht."

Fakt ist: Wir Vier stehen vollkommen einsam im indischen Ozean mitten in den Bergen von Reunion mit einem kaputten neuen Auto ohne jede Chance auf Fremdhilfe - Handys sind erst einige Jahre später erfunden worden. Es ist 14:30 Uhr, letzter Einschiffungstermin 17:30 Uhr, etwa fünfunddreißig Kilometer entfernt.

Inzwischen ist das Thermometer des Winzlings wieder im Normalbereich, wir steigen ein.

"Ich fahre mal, bis er wieder heiß ist, besser als nix..."

Wir erreichen die abschüssige Straße, dann muss der Motor ausgeschaltet werden. Unser Winzling rollt aber auch ohne Motor recht fleißig bergab, nach einer Weile taucht links eine Art Tankstelle auf. Die Hilfsbereitschaft des dort wohl ansässigen Herrn ist endlich, "cassé" (kaputt) ist alles, was wir erfahren und bezeichnet auch trefflich seine Hilfsbereitschaft. Helfen, Hilfe holen oder Telefonieren gehört offensichtlich nicht zu seinem Denkschema.

Wir nutzen das Peugoet-Auto weiter als Seifenkiste mit vier Sitzen und rollen weiter schwungvoll und langsam den Berg hinunter.

Auf Meereshöhe angekommen, muss der inzwischen abgekühlte Motor weiterhelfen. Ich erreiche die N1 und beschleunige, bis die Temperaturgrenze erreicht ist, Kupplung treten, Gang raus, Motor aus, Weiterrollen.

Stück für Stück und mit eingeschalteter Warnblinkanlage nähern wir uns so der Stadt Saint Denis - bis der gestresste Motor unter lautem Protest, Krachen und Kreischen komplett seinen Dienst versagt - Gott sei Dank direkt vor der einzigen Haltebucht mit Abzweigung an dieser wunderbar vierspurigen N1, die direkt am Meer entlang verläuft.

Es ist 16:00 Uhr, letzter Einschiffungstermin 17:30 Uhr, etwa 20 Kilometer entfernt.

Eine Telefonzelle gleich in der Mitte des Platzes macht uns Hoffnung.

"Hat jemand einen Franc?"

Natürlich nicht: Kreditkarten sind überall willkommen, Geld brauchen Sie nicht zu wechseln…. erinnere ich mich. Ein junges Mädchen in der Nähe wartet auf den Bus und versteht unser Problem, wir nehmen den geschenkten einen Franc dankbar an und wählen die Notfallnummer von Hertz, wo eine freundliche Stimme in französischer Sprache im Wechsel mit Musik aus Frankreich wiederholt die Warteschleife erklärt. Schlussendlich beruhigt uns die glaubhafte Aussage, dass man uns zur Erledigung der Formalitäten schnellstmöglich abholen will.

Nach einer halben Stunde kippt unsere bisher nur angespannte Stimmung und eine Art Panik macht sich breit. Ich stoppe mit lebensbedrohlichem Einsatz mitten auf der vierspurigen N1 ein Auto, das von Weiten aussieht wie ein Taxi und tatsächlich auch eines ist.

"Peugeot-Auto kaputt, no Francs, Bateau Le Port."

Mein anscheinend perfektes Notfall-Französisch zusammen mit einem wohl beeindruckenden Fünfzigmarkschein hat den Taxifahrer offensichtlich überzeugt, wir überlassen das Hertz-Auto sich selbst und den zu späten und unbekannten Abholer seinem eigenen Frust.

Um 17:20 Uhr hängen unsere vier Bordmarken wieder im Kasten auf der MS Kazakhstan.

Rikschas, Magie und Hummer

Wir haben Gabi und Uwe kennengelernt, er ist Autohändler in Dortmund und normalerweise eher Strandurlauber als Kreuzfahrer. Zusammen mit Christel und Friedel wird aus Uwe, Gabi und uns eine stabile Interessengemeinschaft, die gleichgesinnt und regelmäßig täglich die letztmögliche Bestellung in der Bar gegen zwei Uhr morgens platziert. Zusammen mit dem für Landgänge erforderlichen Frühaufsteher-Ritual ergibt sich so durchgängig ein Siebzehn- bis Achtzehn-Stunden-Tag.

Im Musiksalon ist heute eine Zaubershow mit Hans Moretti angesagt, wir haben sechs Sessel zusammengeschoben.

Hans Moretti gewann zweimal hintereinander jeweils erste Preise auf den Weltkongressen der Zauberkunst in Wien 1976 und Brüssel 1979, er verzeichnete 18 Einträge im Guinness-Buch der Rekorde, erhielt den *Masters Fellowship Award* der Akademie der Magischen Künste und war Träger des Bundesverdienstkreuzes am Bande. Helga, seine Frau ist Teil der aufwändigen Show, die uns hier erwartet.

Wir erleben den weltberühmten Super-Tell-Schuss: Er zielt auf den Abzug der ersten von sechs auf Stativen montierten Armbruste, diese lösen sich durch Kettenreaktionen gegenseitig aus und der letzte Pfeil trifft einen Apfel auf dem Kopf des Künstlers. An anderer Stelle durchbohren Schwerter einen Karton, aus dem Helga unverletzt aussteigt, Gäste lassen sich animieren, barfuß über einen kurzen Weg aus scharfen Glasscherben zu gehen. Hans Moretti begeistert sein Publikum, engagiert, humorvoll, konzentriert und absolut souverän. Ein ganz Großer auf einer ganz kleinen Tanzfläche eines kleinen Kreuzfahrschiffs mitten im Indischen Ozean im Februar 1987.

In der Troika-Bar ergänzen Hans und Helga Moretti unsere Sechsergruppe, wir klönen bis zum frühen Morgen und erleben gemeinsam den Aufruf zur Last Order.

Auf Madagaskar bleiben wir zwei Tage. Die Stadt Tamatave liegt etwa zwei Kilometer vom Hafenausgang entfernt und ist auf den ersten Blick nicht sonderlich interessant, 1927 musste Tamatave nach einem Wirbelsturm völlig neu aufgebaut werden, 1986 ist die Stadt durch einen Zyklon nochmals fast vollständig zerstört worden. Ein knappes Jahr danach macht unser Kreuzfahrtschiff am 7. Februar für zwei Tage im Hafen fest.

Im Tagesprogramm ist ein Restaurant `Pacific´ erwähnt, nicht weit entfernt vom Hafen, dort soll es Hummer geben. Uwe will durch die Rezeption dort für den Abend einen Tisch reservieren lassen.

Am frühen Nachmittag erkunden wir mit Friedel und Christel das Zentrum Tamataves, das eigentlich nicht als solches erkennbar ist. Als Transportmöglichkeit stehen chinesische Lauf-Rikschas bereit, alle in bemitleidenswertem Zustand. In den Holzgabeln vorn warten junge Afrikaner, unterernährt in zerrissenen Hosen und löchrigen T-Shirts. Die Fahrt kostet einen Dollar und dauert etwa zwanzig Minuten, dann sitzt jeder von uns in einem dieser seltsamen Gefährte. Es wackelt, es rumpelt und quietscht, den bemitleidenswerten Jungs vorn pfeift der Wind durch die Löcher der zerrissenen Shorts und der Schweiß läuft ihnen den Rücken herunter.

Erstmals auf unserer Kreuzfahrt haben auch die Mitglieder der sowjetischen Crew Gelegenheit oder Erlaubnis, das Schiff zu verlassen. Madagaskar als sozialistisches Land scheint für solch einen Ausflug kein Risiko darzustellen.

Ein alter Bus bringt die Mannschaft in kleinen Gruppen zu einem wunderbaren Platz mit einem riesigen Baum, der angenehmen Schatten spendet. Je eine bewaffnete Aufsicht hält die Gruppe zusammen und verhindert individuelle Spaziergänge der Crewmitglieder.

Für das Hummeressen haben wir uns angemessen umgezogen, soweit es die Außentemperatur zulässt. Lederschuhe, Bügelfaltenhose, Hemd mit langen Ärmeln, Birgit im Kleid mit wertigen Pumps und ein wenig Schmuck.

"Ist das richtig hier?"

Uwe hat eine Art Stadtplan aus dem Tagesprogramm mitgenommen.

"Die Straße müsste es sein."

Der Ausdruck `Straße" ist ein Witz, Reste von Asphalt

oder Beton wechseln sich ab mit halbmetertiefen Wasserlöchern. Rechts und links einige wohl als Mülldeponien genutzte Baulücken zwischen halbfertigen und halbverfallenen gebäudeähnlichen Ruinen - es riecht recht streng, aber nicht nach Hummer.

"Ich hab´s! Hier soll´s sein."

Uwe klingt skeptisch. Entsetzt betrachten wir ein baufälliges Haus mit einer verblichenen Aufschrift, die vielleicht im letzten Jahrhundert noch lesbar war und diese Ruine als Restaurant ausgewiesen hat. Im ersten Stock fehlt ein kleines Stück Wand, daneben drei Fenster ohne Rahmen und Glas, dafür aber dekorativ mit schmutzigen Handtüchern verhängt. Auf Straßenniveau rostet die Eingangstür vermutlich schon viele Jahren ihrem Zerfall entgegen, daneben ein Fenster mit Fensterrahmen und zwei zerbrochenen und undurchsichtigen Glasscheiben.

Die Reste einer Holztafel mit kaum lesbarer Aufschrift ´Pa i ic´, eine winzige gusseiserne Figur in Form einer Krabbe mit nur drei Beinen überraschen uns dann doch, etwas versteckt daneben ein Blechkasten mit einem von Hand beschriebenen neuen Blatt Papier.

Die Schriftzeichen erschließen sich für uns nicht, aber deren Anordnung nährt unseren Verdacht, dass es sich um die Speisekarte eines Restaurants handeln könnte.

"Ich weiß nich… Wollt Ihr da rein?"

"Kommt, wir essen auf dem Schiff!"

"Und da haben die angerufen?"

"Irgendwie ging das wohl nicht, ich hab´ gedacht, wir versuchen´s mal so, war ja nicht so weit…"

Birgits Absätze sind hin, meine Schuhe vor lauter Straßenstaub nicht mehr erkennbar, die Hose ist für die Reinigung, die es hier nicht gibt, Christel hatte einmal schöne Pumps und wir alle haben Hunger. `Hummer im Restaurant Pacific in Tamatave auf Madagaskar´ - auf dem Rückweg kommen wir aus dem Lachen nicht heraus.

Eine Stunde später sitzen wir an unserem Tisch im Restaurant der MS Kazakhstan und freuen uns über ein kaltes Bier und ein köstliches Boeuf Stroganov als Hauptgericht.

Am nächsten Morgen wollen wir zum Markt. Inzwischen haben die jungen Rikscha-Fahrer den Preis pro Fahrt von einem auf zwei Dollar erhöht. Einige übergewichtige Mitreisende kompensieren die Preiserhöhung durch Doppelnutzung der Rikscha und quetschen sich zu zweit auf die enge Bank des klapprigen Gefährts.

So hat der Junge vorn in der Holzgabel zwar immer noch 100% Mehreinnahmen als gestern, verliert aber durch das massive Gewicht hinter sich gefährlich oft die Bodenhaftung.

Am Rikscha-Sammelplatz weist man uns den weiteren Weg in Richtung Markt. Ich fände ein Taxi nett, aber bis auf einen barock aussehenden Renault R5 sehe ich keine Autos. Es gelingt irgendwie, dem jungen Besitzer des gelben Autowracks unseren Wunsch nach einer Rundfahrt klar zu machen, kreisende Armbewegungen mit einer Fünfdollar-Note und das Zeigen auf das Auto führen zum Erfolg und wir steigen ein.

Unser Fahrer hält inzwischen den Geldschein hoch und setzt mit der anderen Hand das Gefährt in Bewegung. Nach knapp fünf Minuten Fahrt mit hochgehaltenem Geld erreichen wir ein Haus am Ortsrand und unser R5-Besitzer präsentiert den Schein mit einem fragenden Gesichtsausdruck einem älteren Mann. Nach ein paar Worten und zustimmenden Nicken des Experten kommt der glücklichste Einwohner von Tamatave zurück zu seinem Auto und nimmt auf dem Fahrersitz Platz.

In den nächsten zweieinhalb Stunden lernen wir komplett die afrikanische Gebärdensprache und sehr viel über die Stadt Tamatave, die Insel Madagaskar und den Renault R5, in dem man wesentlich sicherer unterwegs ist, wenn die rechte Beifahrertür von innen festgehalten und die lose Rückenlehne des Vordersitzes vom dahinter Sitzenden mit den Knien abgestützt wird.

Fensterscheiben in den Türen vorn fehlen komplett oder sind heruntergekurbelt worden, als es noch Kurbeln gab. Wenn wir aussteigen wollen, umrundet unser Fahrer immer das ganze Auto, denn nur er kennt den Trick, wie die Türen beim Öffnen nicht komplett auf die Straße fallen.

Die Straßen sind breite bucklige Lehmpisten, mit feinstem Sand oder Staub bedeckt, Sehenswertes fehlt in Tamatave.

Hier sind *wir* die Attraktivität, neu, weiß, groß, und in

den Augen der Einheimischen wahrschein-lich unermesslich reich.

Wir sehen die verhaltene Neugier, die Menschen wirken freundlich, niemand bettelt, man spricht über uns und lächelt. Das Dach des offenen Marktes ist auch hier wieder zu niedrig, ich bleibe am Rand und fotografiere.

Ich blicke in schwarze Gesichter, zeige auf meine Kamera, ich sehe zustimmendes Nicken, nur wenige wollen nicht fotografiert werden.

1990 TS Maxim Gorki
Gepäck, Sydney und Watsons Bay

Für den Weltkongress der Kardiologie 1990 hatte man mich als Europa-Repräsentant für knapp zwei Wochen im Hilton Manila untergebracht. Bei der von mir favorisierten Airline war ich inzwischen als `SehrVielFlieger´ eingestuft, Vorteile bei Sitzplätzen, Freigepäckmengen und Betreuung in netten Lounges inbegriffen.

Zwei Koffer und eine Aktentasche begleiten mich ohne Mehrkosten auf die Philippinen, denn im Anschluss an die Arbeit geht es weiter nach Sydney, fünf Tage Vorprogramm und anschließend Kreuzfahrt durch Asien bis nach Hongkong mit der TS Maxim Gorky.

Am 15. Februar starte ich von Manila in Richtung Kuala Lumpur. Normalerweise vermeide ich Britisch Airways, fast immer hatte mir irgendwo bei Ankunft das Gepäck gefehlt. Zudem bin ich nicht unbedingt ein Fan des barocken Charmes der Crew, für die dreieinhalb Stunden Flug ist das aber auszuhalten.

Bei der Landung in Kuala spätabends überrascht uns ein Tropensturm mit sintflutartigem Regen, wir müssen im Flugzeug warten, bevor eine Treppe herangebracht werden kann. Bis zum Weiterflug mit Malaysian Airlines bleibt noch Zeit, ich werde in die schicke Lounge eingeladen. Malaysia hat Geburtstag, man überreicht mir als Aufmerksamkeit ein weißes T-Shirt mit einem sehr dezenten Aufdruck "Malaysia 1990" oben am linken Ärmel.

Neun Stunden später stehe ich am Gepäckband im Kingsford Smith International Airport in Sydney und warte auf mein Gepäck - vergeblich. Eine sehr freundliche Stewardess am zuständigen LostAndFound-Schalter der Quantas erledigt die Formalitäten.

"Hotel Olims, fünf Tage, das ist sicher gar kein Problem, wahrscheinlich wird das Gepäck bereits morgen ankommen und dann zu Ihnen gebracht."

So ist es eigentlich immer gewesen, wenn British Airways an meinen Flügen beteiligt war, hoffentlich gilt das auch in Australien.

Für heute und die nähere Zukunft besitze ich jetzt nur eine Aktentasche und die momentan genutzte Kleidung mit Hose und Hemd. Dazu kommt das weiße T-Shirt mit dem Aufdruck Malaysia 1990, ohne Kragen und mit kurzen Ärmeln, die ich hasse, weil ich bei zwei Meter Länge nur neunundsiebzig Kilo wiege und das perfekte Beispiel eines Leptosomers bin.

Den dritten Dreißig-Kilo-Koffer mit Birgits restlicher Kreuzfahrtausstattung bringt sie selbst mit. Sie kommt zusammen mit Friedel und Christel aus Uckendorf, sie sind wieder einmal mit dabei.

Ihr Lufthansa-Jumbo landet unplanmäßig in Melbourne, bekommt dort ein neues Triebwerk und ist mit beachtlicher Verspätung am 16. Februar erst abends in Sydney.

Ich bin über meinen Schatten gesprungen und sitze im überraschend bequemen und perfekt passenden Malaysia-1990-T-Shirt in der Lobby des Hotel Olims und warte auf den Transferbus vom Flughafen. Eine Flasche Sekt und zwei Gläser warten mit mir.

"Wie siehst Du denn aus?"

Sag´ ich doch, das T-Shirt ist klasse, nur was da rausguckt…egal.

"Setzt Dich erst mal hin - Prost und Willkommen!" Wirklich gelungen ist mir der Gesichtsausdruck einer unbeschwerten Wiedersehensfreude wohl nicht…

"Ist was? Wieso hast Du kurze Ärmel an und ohne Kragen, das machst du doch nie!?"

Es lächelt noch, das Gesicht mir gegenüber. Jetzt oder nie…

"Unser Kreuzfahrtgepäck ist nicht angekommen."

Jetzt lächelt nichts mehr. Fünf Tage Sydney, dreiundzwanzig Tage Kreuzfahrt und vier Tage Hongkong - ohne Gepäck ist der Super-Gau.

Ich zitiere den Spruch der Quantas-Dame von gestern "…das ist sicher gar kein Problem, wahrscheinlich wird das Gepäck bereits morgen ankommen und dann zu Ihnen gebracht…", wobei mir schon klar ist, dass das heute gewesen wäre.

Gegen Ende der Sektflasche haben sich andere Kreuzfahrt-Vorprogrammgäste in der Lobby eingefunden, man kennt sich vom Flug und aus der Wartezeit in Melbourne und begrüßt mich und unser Thema herzlich in der Runde, Friedel und Christel haben Ihr Gepäck auf´s Zimmer gebracht und kommen kurze Zeit später dazu.

"Das ist doch alles nicht so schlimm, dann bekommen Sie halt ´ne Hose von mir."

Der Gast ist nett, aber wirklich ernst kann man das nicht nehmen. Zur Verdeutlichung der Problematik stehe ich auf, der Anbieter ist anderthalb Köpfe kleiner als ich, hat entsprechend kurze Beinkleider und eine enorme Gürtelweite. Die Stimmung steigt, die Ideen werden immer besser.

"Aber meine Hemden könnten Ihnen doch passen!"

Sicher, Kopfkino, kurzärmeliges Smokinghemd - langsam wird das ein richtig lustiger Abend hier in Sydney ohne Gepäck.

"Was Ihnen ganz sicher passt sind meine Strümpfe, für mich hab´ ich noch genug frische mit!"

Wer den Schaden hat…

"Wir warten bis morgen Mittag, dann gehen wir in die Stadt und kaufen was für Dich, wenigstens ´nen Anzug oder so."

Birgit lächelt wieder, wenn auch recht verhalten. Ihr Koffer ist ja da, ist aber auch nicht die Lösung: zu viele Damenschuhe, zu wenig Abendgarderobe und nur wenig Herrenausstattung.

Der Verkäufer mustert mich kritisch in meinem Malaysia-Shirt. Der Mens-Fashion-Shop ist hervorragend sortiert, viele Anzüge, modern, von ordentlicher Qualität und alle viel zu kurz. Notgedrungen wird es ein grau gemusterter Einreiher - der einzige, bei dem im Saum der zu kurzen Hose noch ausreichend Stoff zum Verlängern gefunden wird.

Wir spazieren durch Sydney, nach zwei Stunden erhalten wir meine geänderte Ersatzausstattung gegen Zahlung eines niedrigen vierstelligen australischen Dollarbetrags mit unsrer gnädigen Visakarte.

Das Kofferthema bleibt uns erhalten, obwohl eines der fehlenden Gepäckstücke am 20. Februar auftaucht und im Hotel zugestellt wird. Meine Sekretärin in Düsseldorf hatte nach einem mehrstündigen Telefonmarathon das Gepäck in Heathrow lokalisiert und in einem Linienflug nach Sydney untergebracht.

Aufgrund des Tropenregens war das Transfergepäck in Kuala Lumpur nicht ausgeladen worden, mit British Airways nach London geflogen und hatte wegen kleiner organisationstechnischer Versäumnisse den ersten und den nächsten Direktflug nach Sydney verpasst.

In der Zeitschrift SAISON, einem Ableger des Magazins GEO hatten wir in einem Artikel über Sydney vom Restaurant Doyles erfahren, direkt am Fischhafen und am "Kleiderbügel", der berühmten Brücke in Sydney. Das Original-Doyles, Australiens allererstes Seafood-Restaurant, 1885 eröffnet und über fünf Generationen als

Familienbetrieb gewachsen, liegt direkt am Strand auf der anderen Seite der Watsons Bay, rund zwanzig Minuten Taxifahrt entfernt.

Christel, Friedel und wir sitzen fast im Sand auf einfachen Bänken an einem Holztisch, die Spezialität hier sind Hummer oder Australien Crayfish, wie man hier sagt. Neben der umfangreichen Menuekarte auf Zeitungspapier bekommen wir ein handgeschriebenes Blatt mit den Gerichten, die auf dem aktuellen Tagesfang basieren.

Bei exzellentem Hauswein und halben Hummern genießen wir die herrliche Aussicht auf die beeindruckende Skyline von Sydney und die untergehende Sonne hinter der futuristischen Oper.

Gleich hinter unserem Sitzplatz ist eine größere Menge an Stühlen und Tischen zu einer Art Tafel zusammengestellt, die sich nach und nach mit Gästen füllt - alles "Typen", nicht richtig jung, aber langhaarig und auffallend unkonventionell angezogen.

Sie sprechen englisch, deutlich zu unterscheiden vom australischen "No Worries"-Englisch. Bei unserer ersten Nachbestellung weiterer Hummerhälften ist der Tisch komplett besetzt, am Kopfende sitzt - man glaubt es nicht - Elton John!

Natürlich soll auf unsere Zeitungs-Menuekarten ein Elton John-Autogramm, ich bekomme den Auftrag, ich spreche wohl das beste Englisch unserer Vierergruppe.

Es stellt sich als überhaupt nicht peinlich heraus, ohne Zögern signiert er die Speisekarten und erklärt mir die Tischgäste als das Bühnen- und Band Team seiner Tournee, das seit zwei Tagen hier in Sydney ist und jetzt mit ihm zusammen einen ersten freien Abend verbringt.

Er will wissen, woher wir sind, ja in Deutschland hatte er einen Auftritt in Dortmund in der Westfalenhalle. Das weiß ich, wir waren da.

„Sollen wir denn noch einen Hummer bestellen? Der war richtig gut..."

Friedel hat manchmal richtig gute Ideen.

Doyles on the Beach in Sydney am Strand mit Sonnenuntergang, Skyline, Hummer, Tischwein und Elton John privat - Kreuzfahrt ist toll...

Nach Ankunft der Maxim Gorky und unserer Übersiedlung auf das Schiff binde ich die Reiseleitung in meine Bemühungen um den letzten Koffer ein und erreiche, dass die Guides der Transferbusse am nächsten Tag bei Quantas LostAndFound vorsprechen und nach dem Stand der Dinge fragen - ein Tag bleibt ja noch bis zum Ablegen.

Dort ist der Fall vollkommen unbekannt, die freundliche Stewardess der Quantans LostAndFound ist anscheinend zu einem sehr taffen jungen Karrieretyp mutiert und hat Wichtigeres zu tun.

Um 18:00 Uhr soll die Maxim Gorky in See stechen, der Bus zum Abholen der letzten ankommenden Fluggäste steht zur Abfahrt am Schiff, ich will mit und am

Flughafen meine letzte Chance nutzen.

Auf dem Weg zur Gangway bemerke ich mehr zufällig in einer dunklen Ecke einen Koffer, der mir recht bekannt vorkommt. Es ist tatsächlich so, es ist unserer.

"Der steht schon seit gestern Morgen da, wir wussten aber nicht, wem der gehört, wir warten dann immer, bis sich einer meldet, dem so was fehlt. Ist das Ihrer? Dann haben Sie aber Glück gehabt!"

Der Mensch an der Rezeption weiß Gott sei Dank nicht, was ich gerade denke.

Toradjaland, Urwald und Tau Tau

> Torajaland 2 Tage | VP/DZ/BUS |
> DM 350,00
>
> 9.3. Von Ujung Padang aus fahren Sie mit Kleinbussen durch die fruchtbare Landschaft mit Reiserassen, durch buginesische Dörfer mit ihren schönen Häusern ins Torajaland. Mittag- und Abendessen, Übernachtung.
> 10.3. Nach dem Frühstück Ausflug nach Lemu mit den in Fels gehauenen Grabkammern, wo auf Balkonen die Toten als Puppen in Lebensgröße dargestellt werden. Weiterfahrt nach Keta Kesu, einem typischen Toradjadorf, und nach Saya/Sangalla, wo sich die Gräber der einheimischen Aristokraten befinden. Gemeinsames Mittagessen und Rückfahrt nach ParaPare.

Es hat uns gereizt, das wollten wir sehen, schon lange vor der Kreuzfahrt hatten wir mit Friedel und Christel zusammengesessen. Aber viermal DM 350,00 ist schon eine ordentliche Hemmschwelle. Das Torajaland ist weit weg, fast am anderen Ende der Welt, aber nicht zu weit für ein Telefongespräch mit dem einzigen Hotel da ganz oben im Urwald.

"Yes, we do have two double bed rooms, March 9th, 46 Dollar each including breakfast and Dinner in the evenning."

Klasse, das ist schon mal die halbe Miete, aber es sind rund 300 Kilometer vom Hafen bis dorthin. Vielleicht hat die nette Hotelangestellte eine Idee?

"We can arrange a bus tour around Toraja which will pick you up at your ship and gets you back the next day to ParePare. This will be around 100,00 Dollar in total to be paid directly to the driverguide."

Alles zusammen also 192 Dollar für vier Personen, bei grob 2,00 DM pro Dollar ergibt das 384,00 DM für alle. Gut das es Fax gibt, alles wird gegenseitig bestätigt.

Sulawesi hieß früher Celebes und liegt zwischen Borneo und Neuguinea. Die Insel ist vulkanischen Ursprungs und ihre Form erinnert an eine Orchidee oder einen Kraken. Im nördlichen Teil wird sie vom Äquator geschnitten, was für das zentrale Bergland starke Niederschläge das ganze Jahr über bedeutet, es gibt eine üppige Vegetation mit dichtem Regen- und Hochnebelwald. Hier lebt das Volk der Toraja auf dem Hochland Tanah Toraja.

Ein Toraja-Dorf besteht aus zwei parallel verlaufenden Häuserreihen, die Wohnhäuser stehen auf Holzpfählen, haben ein Dach in einer schiffsähnlichen Form, sind nach Norden ausgerichtet und werden ganz ohne Nägel gebaut. Ihnen gegenüber stehen Reisspeicher für bis zu 20.000 kg Reisgarben.

Die Toraja glauben, alles ins Jenseits mitnehmen zu können, den Toten werden wertvolle Grabbeigaben mitgegeben. Aus Angst vor Grabplünderungen verstecken die Toraja ihre Toten in Höhlen oder Felsengräbern, die von Hand in die Kalksteinfelsen gehauen werden und Platz für eine ganze Familie bieten. Vor den Eingängen der Höhlen und Felsengräber stehen auf Balkonen die Tau Tau - Holzfiguren, die den Verstorbenen darstellen.

Die Maxim Gorky läuft pünktlich im Hafen von Ujung Padang ein, es ist 10:00 Uhr, das Schiff ist von den Behörden freigegeben worden, wir können an Land, die Gäste des Ausflugs Toradjaland 2 Tage haben Vorrang und sollen den Ausflugsschein nicht vergessen.

Wir beobachten eine Reihe von elf Toyota-Bussen, die dicht hintereinanderstehen und offensichtlich auf Gäste der Zweitagestour warten. Jeder Bus hat Platz für zwölf Gäste auf vier Sitzreihen und Einer nach dem Anderen setzt sich in Bewegung, bis die Fahrzeugkolonne komplett verschwunden ist.

Wir vier erreichen die Straße und entdecken einen zwölften Toyota-Bus mit vier Sitzreihen, der Fahrer winkt und hat ein Schild mit unserem Namen. Fahrer und Bus sind von derselben Agentur wie die Ausflugsbusse, er nennt sich John und kennt die Kollegen alle.

"I go better and faster. You will see, very good me!"

Wir sind zufrieden, begeistert und neugierig, und das alles gleichzeitig.

In einer anderen Ausflugsbeschreibung war ein angeblich spektakulärer Wasserfall aufgetaucht, der wohl nicht zu weit entfernt von unserer Strecke sein soll. Vom Parkplatz vor dem Wasserfall sind es noch knapp 500 Meter, an einer Brücke warten sechs Tänzerinnen in Landestracht, ein Flötenspieler und ein Trommler. Sie bemerken uns und beginnen zu tanzen - als wir näherkommen, wird der Irrtum klar, wir sind nicht die erwarteten 45 Gäste des Ausflugs, der Tanz endet abrupt.

Am großen, nicht sonderlich aufregenden Wasserfall werde ich von einer Gruppe kichernder junger Japaner überfallen, ich muss als Fotomodell herhalten und rage mit meinen zwei Metern wie ein Leuchtturm aus der Masse der lachenden und drängelnden Kinder um mich herum heraus.

Unser Fahrerguide ist klasse. John, wie er sich selbst nennt, fährt den elf Kollegen davon, er weiß immer, wo die große Gruppe im Moment ist und sorgt dafür, dass wir unsere Highlights alleine genießen können.

Am frühen Nachmittag erreichen wir das Torajaland. Der erste Höhepunkt ist eine senkrechte Granitwand im Fels vor uns, bei der in etwa fünfzehn Metern Höhe ein rund acht Meter breiter Balkon in den Fels geschlagen ist.

Zehn Holzpuppen - Tau Tau - stehen hier eng nebeneinander hinter einem Geländer aus Holz, lebensgroß, einfach bekleidet und mit ausdrucksvoll gestalteten Gesichtern - Nachbildungen der Verstorbenen, die darunter in einer Höhle bestattet sind.

Die Köpfe der eindrucksvollen Figuren sind zum Tal

hin ausgerichtet, es erweckt den Anschein, als schauen sie in das Unendliche.

An anderer Stelle besuchen wir einen ähnlichen Balkon, höher im Fels, es ist eine Todesstätte der bessergestellten Familien. Die Kleidung ist deutlich hochwertiger, hier gibt es Anzüge mit Krawatte und sogar einen Frack mit Hemd und Fliege. Auf diesem Balkon stehen nur fünf Tau Tau. Die Begräbnishöhle ist offen, im Zugang liegen zwei Knochenschädel, direkt nebeneinander, sie scheinen sich gegenseitig anzuschauen.

"Romeo und Julia?"

Die Szene ist beklemmend und gleichzeitig faszinierend. Wir treffen Frank, den Videofilmer der Maxim Gorky mit seiner Assistentin und lassen uns spontan überreden, als Statisten seine Aufnahmen von Romeo und Julia zu beleben.

Hier im Bergland treffen wir überall auf die Balkone mit Tau Taus, oft weit oben im Fels. Einige wirken neu, bei anderen ist das Alter deutlich am Zustand der Figuren ablesbar. Alle Tau Tau blicken in die gleiche Richtung, alle strahlen eine tiefe Zufriedenheit aus, beinahe wirken sie glücklich.

Gegen fünf Uhr am Nachmittag erreichen wir unser Hotel, wunderbar versteckt ganz oben auf dem Berg, mitten im Regenwald. In der Nähe des Haupthauses sind sechs kleine Hütten über schmale Holzstege erreichbar - sparsam eingerichtet, ein Doppelbett, ein kleiner Schrank und ein winziges Duschbad müssen für die eine Nacht reichen. Fenster und Türe sind vorhanden, aber nicht wirklich wirksam, weder Schloss noch Rahmen schließen dicht, allerlei fliegendes Getier rundum hat freien Zugang zu unserer Schlafstätte. Christel und Friedel bekommen die Hütte direkt neben unserer, Christel ist skeptisch, von Komfort hat sie eine andere Vorstellung.

Wir nehmen erst einmal einen kühlen Drink auf der Terrasse der Hotel-Lobby, die Sitzmöbel sind sehr bequem, rundum zwitschert der Regenwald.

Es wird lauter, die Karawane der elf Konkurrenz-Busse ist eingetroffen, die Ausflugsteilnehmer sind im gleichen Hotel untergebracht, überschwemmen die Anmeldung, erhalten ihre Zimmerschlüssel und verteilen sich auf den drei Etagen des Haupthauses.

Eine Stunde später sitzen wir im Restaurant auf der Terrasse an einem nett gedeckten Vierertisch mit wunderbarem Blick in den Dschungel, neben uns sind die Ausflügler an einem riesigen U-förmigen Tisch untergebracht.

"Wie kommen Sie denn hier her?"

"Wir sind privat hier, wir haben das von zuhause gebucht."

"Wie geht das denn, das stand doch gar nicht im Katalog?"

"Ich hab´ hier im Hotel angerufen und die Zimmer gebucht, das war einfach."

"Hmm. Aber woher hatten Sie denn die Nummer?"

Das kann dauern - ich mache mir Sorgen über den weiteren Verlauf des Abendessens, ich erinnere mich an meine Recherche, internationales Hotelverzeichnis, Auslandsauskunft, Zeitverschiebung, Verbindungsprobleme, Fax, Bestätigung, Vorausbezahlung…

"Ich hatte meine Sekretärin gebeten, das zu organisieren, die ist richtig gut in so etwas - und jetzt sind wir hier."

Es funktioniert. Der Herr ist tief beeindruckt, nach wie vor unwissend, aber anscheinend erst mal zufrieden, zumal inzwischen das Essen vor ihm steht.

Wir bekommen Menuekarten, das Angebot ist überraschend vielseitig für ein Hotel im Toradjaland mitten im Urwald.

Friedel ist nicht überzeugt, aber das kennen wir von ihm bereits, er würde rein deutsches Essen bevorzugen. Trotz Vollpension können wir zwischen verschiedenen Hauptspeisen wählen, die Gerichte sind an europäische Küche angepasst, haben aber noch landestypische Nuancen, wir sind begeistert.

Das Essen ist so klasse wie die Atmosphäre rundum, die Umgebung tut ihren Teil dazu, überall zwitschert und kreischt es aus den Regenwald, das Restaurant liegt mitten darin auf einer zauberhaften Lichtung.

Es gibt viel zu erzählen, vom Nebentisch kommen erste Fragen.

"Was haben *Sie* denn heute gesehen?"

Tau Tau, Balkone, Höhlen und Berge…

Ich stelle fest, wir haben nichts verpasst, wir hatten mehr Zeit und natürlich mehr Platz an den Kultstätten als die große Gruppe. Romeo und Julia hatten wir alleine, für diese Höhle war die Maxim-Gorki-Karawane zu groß.

Die nächtlichen Geräusche des Urwalds begleiten uns zu unserer Hütte, für sieben Uhr haben wir uns zum Frühstück mit Friedel und Christel verabredet, es ist kurz vor Mitternacht, Türen und Fenster sind so zu wie möglich, das Bett ist gut. Von nebenan sind noch Geräusche zu hören, die aber mit der Regenwaldumgebung nichts gemeinsam haben.

Christel hat die Hütte geputzt, erfahren wir am nächsten Morgen.

Manila, Möbel und Pagjansan

In einem winzigen Schaufenster in Manila Stadt hatte ich während meiner Geschäftsreise eine wunderbare Couchgarnitur gesehen. Professionell verzapftes Rattan, Daunenkissen mit handbemaltem weißem Seidenstoff und ein faszinierendes Design hatten mich hereingelockt. Die Besitzerin des Geschäftes entpuppte sich als Künstlerin, die diese und andere Kreationen von hochwertigen Sitzmöbeln selbst entwirft und herstellt. Couch und der Sessel waren nicht nur umwerfend schön, sondern auch noch äußerst bequem, der Preis für Zweisitzer, Dreisitzer, Sessel und Tisch mit umgerechnet knapp zweitausend DM eigentlich lächerlich. Ein Transport nach Deutschland könnte die Kosten zwar verdoppeln, trotzdem wäre es die Sache wert.

In Anbetracht der bevorstehenden Kreuzfahrt mit erneutem Besuch Manilas hatte ich meine Überlegungen vertagt und der Künstlerin einen Besuch zusammen mit meiner Frau versprochen.

Die Philippinen bestehen aus 7107 Inseln und gehören zu Südostasien. Sie bilden den fünftgrößten Inselstaat der Welt nach Indonesien, Madagaskar, Papua-Neuguinea und Japan und sind mit rund 100 Millionen Einwohnern der zwölftgrößte Staat. 1965 war der populäre junge Politiker Ferdinand E. Marcos zum Präsidenten gewählt worden, 1971 wurde er als erster Präsident wiedergewählt, wobei die Wahl als solche sehr umstritten war.

1972 erklärte Marcos das Kriegsrecht, ließ Oppositionszeitungen und -sender schließen und veranlasste die Inhaftierung zahlreicher Oppositioneller, 1973 ließ er eine neue parlamentarische Verfassung ratifizieren.

Während der Marcos-Diktatur war es zu massiven Repressalien gegen Oppositionelle gekommen, etliche verschwanden entweder spurlos oder wurden schwer verstümmelt aufgefunden. Marcos, seine Frau Imelda und seine Freunde bereicherten sich, während die Auslandsschulden der Philippinen immer weiter stiegen.

1983 entwickelte sich eine breite Oppositionsbewegung gegen Marcos, 1986 demonstrierten mehr als eine Million Filipinos und forderten Marcos Rücktritt. Am 25. Februar 1986 sah sich Marcos gezwungen, in die USA, zu fliehen.

Die Witwe des ermordeten Benigno Aquino und Oppositionsführerin, Corazon Aquino, wurde am selben Tag als neue Präsidentin vereidigt. Während ihrer Präsidentschaft endete die US-Militärpräsenz in ihrem Heimatland, eine neue Verfassung wurde verabschiedet und 1988 eine Agrarreform durchgeführt.

Am 13. März 1990 liegt die Maxim Gorky in Manila, Friedel und Christel haben die Möbelgeschichte gehört und sind dabei, als ich den kleinen Laden wiederfinde. "Meine" Künstlerin erkennt mich wieder, die besagte Garnitur ist aber nicht mehr zu sehen.

"I have sold it last week. I can show you pictures." Sie hat eine Art Fotoalbum, die Bilder erinnern aber nicht im Mindesten an meinen Eindruck vor fünf Wochen, die

Fotos werden den Originalen nicht gerecht.

"The couches you saw are not far away, let me see, perhaps you can go there an have a short look again."

Nach einem kurzen Telefonat bekommen wir eine Wegbeschreibung und erreichen nach wenigen hundert Metern die Lobby eines modernen Hochhauses, der Pförtner ist vorinformiert und kündigt per Haustelefon unser Kommen an. Der Aufzug hält in der 32. Etage, unverkennbar haben wir direkten Zugang zu einer recht imposanten Privatwohnung, wo wir von der Bewohnerin freundlich begrüßt werden. Ihr Mann ist gerade von einem Projekt aus Abu Dhabi zurück und hat einige Tage Urlaub.

Die Rattan-Garnitur fügt sich absolut perfekt in die moderne Ausstattung des riesigen Appartements ein und wird auch von Birgit bewundert. Christel und Friedel interessieren sich für andere Einrichtungsgegenstände, sie hebt eine Vase aus dem Regal und sucht nach dem Preisaufkleber.

"Christel - das ist privat hier…" Gut, dass die Bewohner nichts bemerkt haben…

Wir haben uns keine Möbel liefern lassen, wir haben beschlossen, in Deutschland gezielt nach Rattan zu schauen, aber letztlich die Suche wegen dauerhafter Erfolglosigkeit aufgegeben. Unsere neue Garnitur ist von einem italienischen Designer entworfen und von einem deutschen Hersteller produziert und geliefert worden.

Nicht weit von Manila entfernt befindet sich der weltberühmte Wasserfall "Pagsanjan Falls". Eugene Snook entdeckte 1902 die Wasserfälle und war sofort fasziniert, sie haben eine Fallhöhe von 90 m, liegen vollkommen abgelegen mitten im Urwald und sind nur auf dem Wasserweg erreichbar.

Mit traditionellen philippinischen Einbaum-Kanus, so genannten Bancabooten, werden wir von Einheimischen zu den Fällen gebracht, jeweils zu zweit in einem Boot.

Die Führer sind erfahrene Pagsanjeño Bootsleute, Bankeros genannt, die das Boot mit uns immer wieder aus dem Wasser heben, um uns über felsige Absätze zu ziehen.

Zahlreiche kleine Wasserfälle speisen den Fluss mit Wasser, rechts und links sehen wir steinerne Klippen, die mit Farnen, Kletterpflanzen und Orchideen bewachsen sind.

Nach etwa einer Stunde erreichen Birgit und ich in einem Jeepney die Pagsanjan Falls. Einheimische nennen den Wasserfall Magdapio, aus einer Höhe von 90 m rauscht das Wasser donnernd in den wunderschönen natürlichen Pool, an dessen Rand wir auf einigen Steinen sitzen und kaum glauben können, was wir hier gerade sehen.

Fast schwarz erscheint das Grün des Regenwalds im Gegenlicht, die Sonne erfasst ganz knapp die Ränder des Pools und durchleuchtet unsere Haare.

Fast eine Stunde lang genießen wir die rauschende Ruhe mitten im philippinischen Urwald, bevor der turbulente Rückweg beginnt. Durch die vielen Stromschwellen übertrifft der Ritt auf dem Fluss fast das heute bekannte Rafting, aber mit deutlich unbequemeren Einbaum-Kanus aus starren Holzstämmen.

Hongkong, Ente und Chinesisch

In Hongkong endet unsere Kreuzfahrt mit der legendären Maxim Gorky.

Das Kreuzfahrtschiff war 1968 im Auftrag der Deutschen Atlantic Linie von der Howaldtswerke-Deutsche Werft in Hamburg gebaut worden und hatte 1969 ihre Jungfernfahrt unter dem Namen Hamburg angetreten.

Nach diversen Eignerwechseln war die Maxim Gorkiy bis 1992 ein sowjetisches Kreuzfahrtschiff der staatlichen Schwarzmeer Reederei, gehörte dann bis 2008 der russischen Reederei Sowkomflot und lief im langjährigen Charter der Phoenix Reisen in Bonn.

Erst ab 2006 fuhr die Maxim Gorkiy ohne den roten Stern am Bug. Am Schornstein wurde das Logo der russischen Reederei entfernt und durch das Wappentier von Phoenix Reisen – den Albatros – ersetzt. Außerdem erhielt sie statt der bisherigen roten eine türkisfarbene „Bauchbinde".

Die Maxim Gorkiy war zum Zeitpunkt ihrer Außerdienststellung das dienstälteste Passagierschiff, das in Deutschland gebaut wurde und unter deutscher Flagge gefahren ist.

Ein halbes Jahr vor unserer Reise war sie im Juni 1989 im Nordmeer vor Spitzbergen in ein Treibeisfeld gefahren und havariert. Alle Passagiere konnten bei einer bemerkenswert professionellen Rettungsaktion durch die

Besatzung gerettet werden. Das Schiff drohte zu sinken und konnte nach einer notdürftigen Reparatur zwei Wochen später mit eigener Kraft die Lloyd Werft Bremerhaven anlaufen.

Wir haben ein Nachprogramm gebucht und bleiben noch vier Tage in Hongkong.

Nach der Ausschiffung folgt als Zugabe der Veranstalter eine kurze Stadtrundfahrt. Wir erleben die Faszination einer unglaublichen Stadt, die uns sofort begeistert und in unserer heimlichen Hitliste sofort und ungefragt den ersten Platz vor New York, San Franzisco und Sydney belegt.

Tags drauf finden wir in Aberdeen Platz auf einem Sampan und starten eine Rundfahrt durch den Leichter-Hafen. Die Hongkong Bay ist voll von Hochseefrachtern, die auf Reede liegen, Liegeplätze im Hafen sind rar.

Die riesigen bunt angestrichenen Leichter sorgen für den Transport der Waren von den Schiffen zum Land, die Lastenkähne sind gleichzeitig Wohnung und Lebensraum für die chinesischen Eigentümer und deren Familien, anscheinend immer auch mit Hund.

Es ist ein unglaublicher Betrieb im Hafen, unser Sampankapitän ist Weltmeister im Ausweichen, wenn seine Kollegen oder Motorboote unseren Weg kreuzen.

In der Mitte des Betriebs liegt fast majestätisch das imposante schwimmende Restaurant Jumbo Kingdom im Hafen von Aberdeen. Es besteht aus zwei großen schwimmenden Restaurantschiffen, dem Jumbo Floating

Restaurant und dem danebenliegenden Tai Pak Floating Restaurant. Das Tai Pak wurde schon 1952 fertiggestellt, das größere Jumbo sollte 1971 eröffnet werden, ein Großfeuer verzögerte aber die Eröffnung um fast fünf Jahre. 30 Millionen Gäste haben die Restaurants seither besucht.

Wir sehen die imposante Front mit kleinen Pagoden, goldenen Drachen und vielen weiteren Elementen der kaiserlichen chinesischen Architektur, bevor unser Sampan die Rückseite erreicht, wo die Lebensmittelvorräte mit den -abfällen um den besten Platz streiten und die Hafenvögel ihr Paradies gefunden haben.

"Vielleicht sollten wir uns heute Abend doch ein anderes Restaurant suchen."

Friedel ist auf der Reise schon vorher durch seine vorsichtige Ablehnung unbekannter Speisen auffällig gewesen, aber hier sind wir absolut seiner Meinung.

Die Stadt ist unglaublich, fremd und bunt, chaotisch, supermodern, gleichzeitig aber traditionell und sehr chinesisch.

Am späten Nachmittag sind wir auf der Natan-Road in Kowloon gleich gegenüber von Hongkong Island unterwegs. Die Straße ist eine der Verkehrsachsen Hongkongs, Linksverkehr in drei bis vier Zusatzreihen ergänzt den Verkehrsfluss der eigentlich zweispurigen Straße bis zum totalen Kollaps. Kleine Nebenstraßen erweisen sich als endlose Shoppingzonen mit zuckenden und blinkenden chinesischen Leuchtreklamen.

In winzigen Geschäften werden Computer, chinesische Medizin, Bier, Wein, Essen, Souvenirs, Peking-Ente, CD´s, HiFi, Fototechnik, nackte Hühner, Schlangen, Solinger Messer, Schuhe und BH´s, lebende Hunde oder Katzen angeboten und so wie es aussieht, auch gut verkauft.

Wir sind zu acht. Die Interessengemeinschaft entstand mehr aus Zufall bei einer Unterhaltung über chinesische Küche und ist jetzt auf der Suche nach einem richtig chinesischen Restaurant mit typisch chinesischem Essen. Peking Ente soll es auch in Hongkong geben.

Auf der Natan Road werden wir fündig, am Eingang im Erdgeschoss lockt uns eine Werbung, die dazu passende, lesbare englischsprachige Speisekarte verspricht Mandarin-Küche auf drei Etagen.

"Soll ich versuchen, irgendwie was Typisches für alle zu bestellen, dann brauchen wir nicht die ganze Karte durchzusehen…?"

Die Zustimmung der restlichen sieben Mitesser klingt fast erleichtert, der sich als zuständig erklärte Kellner spricht ein recht gebrechliches Englisch, scheint mich aber zu verstehen.

"Can we have a dinner with a more or less complete range of typical chinese food? Including Peking Duck? And what will be the total price for all of us?"

Zweihundertfünfzig Hongkong Dollar. Das ist heftig, laut Mehrheitsbeschluss zu viel.

"Is it also possible for just hundert and fifty?"

Yes. Die Antwort kommt spontan und vollkommen ohne Bedenkzeit.

Das Lokal ist riesig und gut zur Hälfte besetzt, die Größe erinnert an den Speisesaal der Maxim Gorky. Wir sitzen ein wenig abgeteilt, ruhig und sehr bequem an einem Achtertisch, jeder Platz ist mit einem Teller, einer Reisschale und verpackten Essstäbchen eingedeckt.

Es wird wirklich sehr chinesisch, der Tisch füllt sich mit einer unglaublichen Menge an Schalen, Platten, Schüsseln und Tassen mit vollkommen unbekannten Inhalten. Daneben zersägt ein Bediensteter eine dunkelbraungoldene Ente und entfernt das Fleisch von der Haut, die ohne das Fleisch - zerteilt in mundgerechte Häppchen - auf einem weiteren Teller in der Mitte des Tisches landen.

Unser zuständiger Kellner erweist sich als Juwel und wird zum Superstar, mit einer Engelsgeduld nutzt er sein gebrechliches Englisch und trainiert uns im Umgang mit Essstäbchen, Dips, Soßen, Fischen, Gemüsen, Fleisch und Reis und Reiswein. Wir lernen, welche Teile aus welcher Schüssel in welche Soße oder welchen Dip gehören und anschließend in welche Blätter gewickelt werden müssen. Wir erfahren, dass die Haut das wertvollste Teil an der Peking-Ente ist und Chinesen das Fleisch als Abfall betrachten, das wird niemals serviert.

Nach zwei Stunden beenden wir eines der eindrucksvollsten Abendessen, das wir jemals erlebt haben. Es war spannend, äußerst schmackhaft und zudem komplett anders - typisch chinesisch und in einem krassen Gegensatz zu den Essen bei den MikrowellenChinesen in Deutschland.

"We´re gonna check out!"

Unser Superstar bringt eine kleine chinesisch bemalte Schatulle mit der Rechnung, in die ich zwanzig US Dollar und meine Visakarte platziere.

"Herzlichen Dank für Ihren Besuch, ich hoffe, es hat Ihnen bei uns gefallen und Sie nehmen einen guten Eindruck von unserer Mandarin-Küche mit nach Deutschland."

Wir fallen fast vom Glauben, der Mensch spricht vollkommen akzentfreies Hochdeutsch und lächelt uns fast belustigt an.

"Ich wollte einmal sehen, wie Sie hier unbeeinflusst auf unsere Art zu Essen reagieren, ich habe 25 Jahre lang ein Restaurant in Essen gehabt, wo die chinesische Küche überhaupt nichts mit dem hier zu tun hat, das ist bei Ihnen alles an den europäischen Geschmack angepasst. Vielen Dank, das hat mir sehr viel Spaß gemacht, ich hoffe, Sie sind mir nicht böse…"

Überhaupt nicht, wir lachen herzlich und bedanken uns für den wunderbaren Abend.

1991 MS Vistafjord

San Franzisco, Transfer und Wohnklo

Es ist Februar 1991, wir sind auf dem Flug nach Los Angeles, es soll mit der MS Vistafjord von LA nach Miami gehen, vorher quer durch die Karibik.

Wir haben Johannes und Helga aus Kaarst im Schlepptau, die beiden hatten wir auf der Maxim Gorki kennengelernt und uns einige Male besucht. Sie hatten spontan reagiert, als wir bei einem Telefonat über diese Reise sprachen.

"Da kommen wir mit!"

Birgit ist erschrocken und legt den Telefonhörer auf - so toll wäre das nun auch nicht. Die Zwei sind nicht nur älter als wir, sie sind alt.

Wir machen uns auf den Weg, das zu klären.

"Nein keine Sorge, wir werden Euch in keinster Weise belästigen, wir bleiben für uns, Ihr merkt das kaum."

Wir wollen ein paar Tage nach San Franzisco, vor der Kreuzfahrt.

"Nur - wenn wir mit nach San Franzisco kommen, da könntet Ihr uns ein wenig helfen, wir sind mit dem Englischen nicht so gut."

Na ja, egal, wir werden sehen.

In Los Angeles deponieren wir das Kreuzfahrtgepäck in der Aufbewahrung, erreichen den Anschlussflug problemlos und besteigen zwei Stunden später das Taxi zum Fairmount-Hotel in San Franzisco. Das hatte mir unser Vice-President empfohlen, an der Rezeption überrascht man uns mit einem Upgrade, anstelle von UntenInnen bekommen wir Zimmer im Tower ganz oben.

Johannes spricht wohl ganz gut Russisch, das ist hier in USA aber nicht wirklich von Vorteil, Helga spricht nur Deutsch. Als wir im Restaurant sitzen, studiert er intensiv die englischsprachige Speisekarte, um nach einer knappen Viertelstunde zu fragen, was da drinsteht.

In der Stadt werden wir unfreiwillig zu Reiseleitern, das ist nicht wirklich schlimm, grundsätzlich hatten wir uns unser Vorprogramm aber doch ein wenig anders vorgestellt.

"Market heisst Markt." "Cable Car ist die Strassenbahn, die wird von einem Kabel gezogen." "Shopping Mall ist ein Einkaufs-Zentrum." und "Lobster heißt Hummer, das sind die Tiere hinter dem Schild mit der Aufschrift!"

Es ist anstrengend.

"Sag´ mal, hier gibt es viele Straßen mit gleichem Namen, wie kommt das?"

Das war mir bisher nicht aufgefallen.

"Was meinst Du denn?"

"Da ist wieder eine, die hab´ ich schon oft gesehen – „OHNE WEI" steht da auf dem Schild!"

Ich glaub´ es nicht, Einbahnstraßenschilder haben wir zuhause auch, und die sehen bei uns genauso aus... Er meint das tatsächlich ernst!

"Das bedeutet Einbahnstraße, kennst Du das nicht?"

"Oh, ja, jetzt wo du es sagst..."

Wir haben Plätze reserviert im Julius Castle, einem französischen Restaurant, nicht sehr weit vom Hotel entfernt. Das Restaurant ist eine Empfehlung von einem Kollegen, der hier wohnt, ganz klein mit nur sechs Tischen, von denen man einen herrlichen Blick auf Pier 69, Fishermans Harbour und die GoldenGate Brücke hat.

Johannes studiert die Speisekarte, als ob er eine Jahrhundertausgabe von Goethes Faust in den Händen hätte, Helga hat eine eigene Karte, sieht ähnlich begeistert aus, versteht aber auch nichts.

Der Kellner soll helfen, scheitert aber, da weder Helga noch Johannes auch nur ein einziges seiner Worte verstehen, aber weiter Fragen stellen. Meine Übersetzungs-Versuche helfen nur wenig, zu einer definitiven Bestellung kommt es noch nicht, die seltsame Ratestunde setzt sich fort.

"Was bestellt Ihr denn?"

Wir beschreiben unsere Wahl, so gut es geht.

"Das nehmen wir auch, gute Idee!"

Irgendwie sind wir genervt.

Am Samstag wollen wir morgens zurück nach Los Angeles, US-AIR fliegt die Strecke mehrmals täglich, wir sind auf die Maschine um 9:30 Uhr gebucht. Am Vorabend zeigt das Fernsehen Bilder eines Flugzeugunglücks auf dem Flughafen Los Angeles, auf dem Vorfeld sind zwei Maschinen kollidiert und ausgebrannt.

Langsam verdichten sich die Informationen, der Unfall betrifft das Terminal von US-AIR, das bis auf Weiteres geschlossen bleibt.

Wir sind frühzeitig auf dem Flughafen in San Franzisco, unser Verdacht bestätigt sich, nichts von US-AIR geht mehr nach Los Angeles.

Unser Plan wankt, wir wollten den Bus zum Schiff nehmen, der gegen 16:00 Uhr die Gäste des Lufthansa-Fluges von Frankfurt aufnehmen soll. Inzwischen ist es 12:15 Uhr, meine Problematik ist inzwischen wohl dem kompletten Bodenpersonal von US-AIR bekannt, Lösungsansätze fehlen aber.

Johannes und Helga sind stiller geworden, aber aufgeregt.

"Harald! Nu´ mach doch mal was! Wir kriegen doch unser Schiff nicht - und was dann!?"

Darauf wäre ich jetzt nie gekommen…

Wie auch immer, wir landen um 15:45 Uhr in Los Angeles, die Aufbewahrung ist im Terminal einer anderen Airline, es dauert doch fast dreißig Minuten, bis ich die Koffer habe und mit Johannes zurück bin.

Wir suchen und finden die Gruppe des Lufthansa-Fluges, die gerade in den bereitstehenden Bus einsteigen wollten, aber auf vier zusätzliche Gäste warten sollten...

Besonders begeistert sind die Kreuzfahrer nicht, überraschenderweise hält sich die Aufregung wegen unserer Verspätung aber in Grenzen - eine Dame hat Ihren Schmuckkoffer in der Maschine liegen gelassen, und der ist trotz sofortiger und lang andauernder Suche nicht gefunden worden.

Gegen 18:00 Uhr betreten wir unsere Kabine auf der MS Vistfajord – UntenInnen - , gefühlte acht Quadratmeter, dunkel, mit Vorhang und Kleiderstange anstelle eines Schrankes und einer winzigen Dusche, Waschbecken und Kloschüssel.

Das Ganze kann man auch als Wohn-Klo bezeichnen.

Rehrücken, Gentlemen-Hosts und Sterneküche

Die Tischrunde ist in Ordnung, sieht man einmal davon ab, dass aus Platzmangel neun statt acht Gäste um die Tafel verteilt sind. Das Restaurant ist sehr elegant eingerichtet, alle Kellner in dunkelrot-glänzenden Westen mit entsprechender Fliege dekoriert, das passt zum Ranglistenplatz 2 der Vistafjord im internationalen Vergleich aller Kreuzfahrtschiffe auf den Weltmeeren.

Vor dem Dinner gibt es täglich Tanzmusik in einer wunderbaren Lounge, drei `Gentlemen-Hosts´ betanzen allein reisende Damen. Es gibt sehr leckere kleine Häppchen mit Lachs, Kaviar, Hummerpastete oder Krabbenfleisch.

Die Abend-Menus haben Sterne-Qualität, und werden an den Tischen auch entsprechend zelebriert. Von Beginn an werden die Gäste mit Namen angesprochen, es passt alles perfekt.

Johannes nervt immer noch, er liest die Speisekarten, versteht nichts, wirkt aber dadurch immer kompetent, bis er dann bei der Bedienung mich fragt, meine Wahl wiederholt und gespannt wartet, was da wohl kommen wird.

Unser Tisch ist eine Ausnahme, wir werden von einer jungen Kellnerin bedient, die ihre Aufgabe wohl ein wenig lockerer sieht.

"Hi, was soll´s denn heute werden?"

Das Ergebnis der Umfrage an unserem Tisch endet mehrmals in Servierversuchen von Gerichten beim falschen Gast oder in falscher Reihenfolge, also Hauptspeise vor Suppe und Vorspeise. Das ist oft lustig, meist aber nervt es, fast nie gelingt den Tischgästen ein zeitgleicher Genuss der bestellten Speisen.

Heute haben alle Fisch bestellt, diese Hauptspeise ist in der Karte als Besonderheit angekündigt. Die Küche versagt zum ersten Mal, alle Fische sind innen fast roh, wir machen uns bemerkbar. Der Maitre entschuldigt sich vielmals, wir erhalten perfekten Ersatz.

"Wir möchten uns bei Ihnen für den Fehler nochmals entschuldigen, wir haben einen Vorschlag: Wir kochen morgen nur für Ihren Tisch extra ein Wunschmenue, wenn Sie uns sagen, was wir Ihnen servieren dürfen."

Wir bitten um Bedenkzeit. Morgen ist Seetag, wir sind mitten in der Karibik, Einkaufen extra an Land ist also nicht, es entwickelt sich eine Idee, wir wollen mal sehen, was die Schiffsküche leisten kann.

"Wir hätten gerne morgen Abend für uns einen Rehrücken."

"Aber selbstverständlich, sehr gerne. Ich gehe davon aus, dass Sie alle pünktlich essen wollen, dann können wir das zeitgerecht vorbereiten."

Sagt es und geht. Klasse. Wir hatten gedacht, jetzt können wir die Küche vorführen, das war wohl nichts.

Es ist so weit. Vorspeise, Suppe und Zwischengericht haben wir hinter uns. Natürlich lässt sich der Maitre das nicht nehmen, er präsentiert mit einer selbstverständlichen Gelassenheit unser Wunschgericht.

"Wie von Ihnen gewünscht haben wir für Sie heute einen gespickten Rehrücken zubereitet, sehr zart und ein wenig rosa gebraten. Ich wünsche Ihnen einen guten Appetit."

Die riesige Platte mit dem herrlichen Rehrücken in der Mitte hätte jeden Food-Design-Preis gewonnen. Unsere "Hi-Folks"-Kellnerin übernimmt, platziert das Kunstwerk auf ihrem Anrichte-Tisch und beginnt mit dem Teilen und Anrichten auf den Tellern.

"Und los geht´s!"

Die Rehrücken-Teller erreichen nacheinander den Tisch, unsere Bewunderung für die Leistung der Küche steigt.

Nach acht Tellern ist Schluss…der Rehrücken ist alle.

"Oh Scheiße, Sie sind ja neun Gäste, sonst hab´ ich immer nur acht…"

Mir kommen Zweifel, ob sie überhaupt noch lange Gäste haben wird…

Eines der größten Naturwunder Mexikos liegt vor der Küste von Cabo San Lucas an der Südspitze der Halbinsel Baja California. Wir erreichen unseren Liegeplatz um 13:00 Uhr, fünf Stunden Zeit für das Kennenlernen ist eingeplant, um 18:00 Uhr soll die MS Vitsfjord Cabo San Lucas wieder verlassen.

Eine kurze Fahrt in einem wackeligen Motorboot bringt uns an den dramatisch aus dem Wasser ragenden Felsbogen Los Arcos - von der Seite des Golfs von Californien aus blickt man durch den Felsbogen auf den Pazifik.

Wir sind nur zu viert - Birgit, ich und die beiden aus Kaarst. Der Bootsmann kennt seine Welt genau und bringt uns zu den Punkten, wo wir bestmöglichen Blick auf die Tierwelt und die herrlichen kleinen Badebuchten am Rande dieses Paradieses haben.

Auf der Spitze eines etwa acht Meter hohen Felsens trohnt ein riesiger Seelöwe und beobachtet fast wie gelangweilt die Aktivitäten seiner Artgenossen.

Das Wasser ist klar, sauber und unglaublich blau, man sieht weit hinunter bis auf den Meeresgrund und bewundert den Fischreichtum, der für die Scharen von Seelöwen und Pelikanen ähnlich verlockend sein muss wie das Mitternachts-Buffet auf der MS Vistafjord für die Gäste.

An Land haben Händler mit Ihren Ständen einen kleinen Markt kreiert, verkauft werden Souvenirs und hochwertiger Schmuck aus Gold und Silber, das Preisniveau ist überraschend hoch, bei näherem Hinsehen rechtfertigt sich das aber durch hohe Qualität und das durchweg sehr schöne Design der Kollektionen.

Birgit und Helga sind begeistert, ich denke über meine Kreditkarte nach und schalte in den "Interessiert-Modus" um.

"Was ist denn das hier - ist das für den Hals?"

Das von Birgit angesprochene Teil aus Silber ist ein oval-runder Reif mit etwa fünfzehn Zentimeter Durchmesser, flach gearbeitet, vorn offen mit dekorativ eingearbeiteten Onyx-Steinen - definitiv für den Hals, an anderen Körperstellen kann ich mir das nicht vorstellen.

"Probier´ das doch einfach mal…"

Es ist für den Hals. Nach einer kurzen Bedenkzeit von knapp fünfzehn Minuten gehört es Birgit.

Princess, Hamburger und Acapulco

Johannes und Helga haben inzwischen jede Form selbstständigen Denkens eingestellt, es gibt nichts, was Sie alleine machen, keine Entscheidung fällt, bei Allem, was wir machen, sind sie dabei.

Die MS Vistafjord hat in Acapulco festgemacht, wir mieten ein Taxi, fragen Johannes und Helga, ob sie spezielle Wünsche haben, erwartungsgemäß ist das nicht der Fall.

Die Stadtrundfahrt ist grandios, der Taxifahrer heißt Joe und ist ein Volltreffer. Er ist stolz auf seine Stadt, erzählt von sich und seiner Familie und von Acapulco, wie es früher war. Heute gibt es mehr Kriminelle hier, schade.

An einem kleinen Markt feilschen wir mit einem Händler um den Preis für eine Lapis-Lazuli Figur, ein Aztekengott, wunderschön gearbeitet und toll marmoriert. Zweihundert US-Dollar will er haben, bei mir wären hundert die Grenze. Birgit argumentiert, ich argumentiere, Johannes schweigt und Helga guckt zu, was den Preis aber auch nicht nachhaltig senkt.

Ich biete hundert, der Preis fällt auf hundertachtzig, dann weiter auf hundertvierzig, dann scheint beim Gegenüber die Grenze erreicht. Wir gehen, ein wenig enttäuscht sind wir schon.

"Hey - Blondy! Come back!"

Der Händler meint Birgit, aber auch Helga fühlt sich

angesprochen, bemerkt aber überraschend schnell den Irrtum.

"Hundred and twenty. Now come on!

Die Azteken-Figur steht heute noch ganz prominent bei uns im Wohnzimmer.

Das Princess-Hotel Acapulco ist eine der besten Adressen, das müssen wir uns ansehen, meinte unser Taxifahrer. Das einmalige Hotel ist in der Form einer aztekischen Pyramide gebaut und bietet einen unvergleichlichen Blick auf Acapulco, schon die Eingangshalle ist überwältigend.

Wir spazieren ungehindert durch die Pool-Garten-Landschaft, vorbei an Gästen, die dort auf bequemen Liegen für sehr viel Geld sonnenbaden. Wasserfälle und Flamingos ergänzen das Ganze perfekt, die Anlage ist traumhaft schön, wir sind beeindruckt.

Am Eingang ist ein Ausflugsbus der MS Vistafjord angekommen, die Gäste besichtigen wie wir die Anlage, vierzig Gäste plus Guide mit Lollypop voraus marschieren durch die Gartenlandschaft.

Das wiederum geht nun gar nicht, dieses Luxus-Hotel erlaubt Sightseeing-Touren mit Touristen, die in der Anlage herumlaufen – Hallo?

Ein einladendes kleines Restaurant bietet sich für eine kleine Mahlzeit an, es ist Mittag, es gibt kaltes Bier, guten offenen Wein und eine Speisekarte in englischer Sprache.

Johannes bittet um Übersetzung, ich kenn´ das ja schon

und bete die verschiedenen Gerichte herunter, dann kommen die Nachfragen von Helga.

"Was war das Dritte? Das hab´ ich nicht verstanden?"

Spare Ribs, die sind scharf, Rippchen, Knochen mit Fleisch.

"Nee, das meinte ich nicht, das da drunter.

"Pasta. Tagliatelle Gorgonzola. Nudeln mit Käsesoße" Ich versuche, es einfach zu machen.

"Guck mal, die haben auch was Deutsches - Hamburger! Was ist denn das?"

Johannes nervt, möchte aber dann lieber keine Frikadelle. Neben mir steht ein Kellner, komplett in Jacke, Hemd und Krawatte bei 32°C und wartet.

Birgit liebt Spare-Ribs, überredet Helga zu einem grünen Salat, ich mag Hamburger, bestelle denselben `medium rare´, alles klar.

"Das will ich auch!"

Johannes hat kein Wort verstanden, ich hab´ inzwischen einen Hals…

Erwartungsgemäß sieht der Hamburger im Princess Acapulco anders aus als bei McDonald - ein liebevoll dekoriertes Ensemble aus gegrillten Sesambrötchen, Gurkenscheiben, perfekt gebratenem Burger-Fleisch, Salatblättern, drei unterschiedlich scharfen Soßen und verschiedenen Käsescheiben.

Johannes´ Tischplatz ist identisch bestückt, er wartet vorsichtig, ob und wie ich anfange.

"Muss ich denn jetzt den Käse da drauf oder da drunter machen?"

Es reicht.

"Johannes - das ist eine Frikadelle! *Das* ist eine Gurke! *Das* ist Käse! *Das* sind Brötchen! Das ist Salat! Und *das* sind Soßen! Und jetzt machst *DU* mit *DEINEM* Hamburger, was *DU* willst. Basta."

Er hat es verstanden, und er hat es komplett aufgegessen.

Joe, unser Taxifahrer zeigt uns noch das Wohnviertel, in dem er aufgewachsen ist, seine Schule und das Elternhaus, dann erinnert er sich an einen guten Freund, der ein Restaurant betreibt, da müssen wir noch unbedingt hin - ein herrlicher kleiner Garten mit bequemen Tischen und Stühlen und einem unglaublich freundlichen und netten Gastwirt - durch und durch Mexikaner.

Nun hatten wir ja bereits gegessen, ersatzweise spendiert er uns einen Kaffee der Sonderklasse: In einer Art Kanne wird glühende Holzkohle mit heißem Wasser übergossen, alles kocht, dann landen unbekannte Gewürze und gemahlener Kaffee in der dunklen Brühe. Das Ganze wird warmgehalten, bis sich alle Zutaten abgesetzt haben. Danach wird die als Kaffee bezeichnete schwarzbraune Brühe vorsichtig in Tassen gefüllt und serviert.

Es schmeckt gleichzeitig grausam und herrlich.

Eusebio, der Wirt hat sich mit einer Runde Tequila verabschiedet und uns bedrängt, unbedingt bei Ihm zu essen, wenn wir jemals wieder nach Acapulco kommen sollten.

Die Visitenkarte hat einen Ehrenplatz, wer weiß…

Kaffee, Hängematte und Bougainvillea

Costa Rica gilt als eines der fortschrittlichsten Länder Lateinamerikas mit heute rund fünf Millionen Einwohnern. Bereits 1950 wurde die Armee zugunsten von Bildungs- und Gesundheitsprogrammen abgeschafft, mehr als 90 % des Energiebedarfs gewinnt das Land aus regenerativen Quellen, rund 27 % der Landesfläche stehen unter Naturschutz - Costa Rica ist seit den 1950er Jahren eine stabile Demokratie

1983 erklärte das Land seine „dauerhafte und aktive unbewaffnete Neutralität" und wird seitdem auch als „die Schweiz Zentralamerikas" bezeichnet.

Wir erreichen Puerto Calderas morgens um sieben Uhr, wir wollen zur Hauptstadt San Jose und hoffen auf ein bezahlbares Taxi. Im Hafen treffen sich Container- und Kreuzfahrtschiffe aus der ganzen Welt, unser erster Eindruck vom Liegeplatz zwischen hunderten Containern ist grenzwertig.

Puerto Calderas ist der wichtigste Pazifikhafen Puerto Ricos, von hier sind die meisten Sehenswürdigkeiten des Landes schnell erreicht, für Kreuzfahrer ein idealer Ausgangspunkt für Touren und Strandaufenthalte.

"Wir haben hier mehr Lehrer als Polizisten!"

Unser Taxifahrer heißt Jose, was hier einer der beliebtesten Namen ist. Natürlich bringt er uns in die Hauptstadt, aber er hat eine eigene Vorstellung, welchen

Weg er nehmen will - Puerto Calderas ist von Naturschutzgebieten umgeben.

Es beginnt die Fahrt durch eine Landschaft, die es mit allem aufnehmen kann, was wir bisher auf unseren Reisen kennen gelernt haben. Saftig grüner Regenwald zieht sich von der Küste bis in die Höhenlagen, ein tropisches Paradies mit einer unglaublich reichen Flora und Fauna, dass auf der ganzen Welt kaum seinesgleichen findet.

Wir halten auf einer Anhöhe an einer Art Ranch, von hier aus blickt man in ein blühendes, steiles Tal mit unvorstellbaren Ausmaßen und vielfältigen Farben von Blumen, Wiesen und Bäumen. Rechts neben uns ist ein rund sechs Meter hoher Felsvorsprung vollkommen überwuchert von einer leuchtend lilafarbenen Bougainvillea.

Wir sind überwältigt, uns fehlen die Worte.

Die Ranch ist das Haupthaus einer Kaffeeplantage, traditionelle buntbemalte Ochsenwagen dekorieren den Eingang.

Zu Beginn des Kaffeeanbaus wurden die Einwohner angewiesen, mindestens zwei Kaffeepflanzen im Garten zu halten, nicht lange danach war Kaffee der erste Rohstoff, der aus Costa Rica exportiert wurde.

Wir bekommen von Jose eine Extra-Führung durch die Kaffee-Finca.

Die optimalen Anbaubedingungen für Kaffee sind in Costa Rica im Zentraltal zu finden, auf einer Höhe zwischen 1200-1800 Metern und bei Temperaturen zwischen 15-28° C gedeiht er am besten. Die Pflanze blüht

9 Tage nach den ersten Regenfällen im April, dann reifen die Kaffeekirschen 8-10 Monate und werden von Hand gepflückt.

Früher fanden die Schulferien in diesem Zeitraum statt, damit die Costa Ricanischen Kinder sich an der Ernte beteiligen konnten.

"Da nur reife Früchte gepflückt werden, sind mehrere Durchgänge nötig. Dafür ist die Qualität des Kaffees umso höher. Costa Rica ist mit ca. 150.000 Tonnen pro Jahr der zehntgrößte Kaffee-Exporteur der Welt."

Jose ist fachkundig und offensichtlich auch sehr stolz auf den Erfolg seines Landes. Natürlich müssen wir jetzt Kaffee trinken, es stehen verschieden Röststufen zur Auswahl und es schmeckt gut, sehr, sehr gut.

Heute gibt es rund 80.000 Kaffeeproduzenten und über 95 Beneficios - wo der Kaffee verarbeitet wird. Trotz zahlreicher Preisinstabilitäten bleibt der Kaffee die viertwichtigste Einnahmequelle Costa Ricas nach dem Tourismus, Bananen und Ananas.

Wir besteigen einen der bemalten Ochsenkarren, der Ochse vorn in der Deichsel bewegt sich langsam und gemächlich in Richtung der Pflanzungen, die kleine Rundfahrt dauert nur zwanzig Minuten, es macht Spaß, wir sehen hier Vieles, was uns vorher vermittelt wurde im Original.

Es geht weiter, eine Stunde später erreichen wir San José, die Hauptstadt dieses herrlichen Staates mit den zwei Küsten an der Karibik und dem Pazifik. San José liegt im

Zentrum von Costa Rica in der Hochebene Valle Central, 1.170 Meter über dem Meeresspiegel. Nachdem sie noch 1950 nur 86.900 Einwohner zählte, ist die Stadt in der zweiten Hälfte des 20. Jahrhunderts sehr schnell gewachsen und hat heute rund 340 000 Einwohner.

Bis 1824 war San José ein unbedeutendes kleines Dorf. In jenem Jahr entschied Costa Ricas erstes gewähltes Staatsoberhaupt, Juan Mora Fernández, den Regierungssitz aus der alten spanischen Hauptstadt Cartago zu verlegen.

San Josés Erscheinungsbild unterscheidet sich überraschend deutlich von der Kolonialarchitektur der meisten anderen lateinamerikanischen Hauptstädte, es sieht moderner, neuer aus.

Im Zentrum beherrscht das Gebäude des Teatro National den Platz des Mercado Central. Das Theater erinnert sehr an die Oper in Manaus, es stammt aus der gleichen Zeit. Wir wollen natürlich hinein, aber die Türen bleiben geschlossen, selbst Jose findet niemanden, der uns hineinlässt.

Uns entschädigt aber der Mercado Central, hier ist das pure Mittelamerika zuhause. Es gibt einen unglaublich bunten Mix aus Handarbeiten - Tücher, Mützen, Kleider, Tischdecken, Teppiche, Tischläufer und allerlei Anderes, was wir zwar nicht brauchen, was uns aber sehr gut gefällt.

Dazwischen spielt eine peruanische Band Musik aus der Heimat, drei Panflöten, eine Gitarre, eine Ukulele und zwei Bongos sind im Einsatz. Eine Sängerin mit wundervoll tiefer Stimme und unübersehbarem Dekolleté mit vielversprechendem Inhalt macht den Auftritt perfekt.

"Wäre das nicht was für den Garten? Das sieht doch klasse aus…"

Birgit hat einen `Hängestuhl` entdeckt - quasi eine Hängematte in Form eines Sitzes, das Ganze aus beigen Stoffkordeln gearbeitet, mit einem schön gedrechselten Holzstab aus Mahagoni ist die Form des Sitzes stabilisiert.

"Ich probier´ das mal."

Das Teil ist tatsächlich nicht schlecht, es scheint bequem und sieht recht wertig aus. Mir ist aber noch nicht klar, wo ich das aufhängen soll.

"Nicht für uns, für die Nachbarn - die beiden Mädels freuen sich bestimmt!"

Es ist auch nicht wirklich teuer. Der Stoffteil passt in eine kleine Plastik-Tragetasche, den schätzungsweise etwa sechzig Zentimeter langen Holzstab trage ich.

José will zurück zum Hafen, er hat recht, es ist ziemlich viel Verkehr.

Zwanzig Minuten später stecken wir fest, Stau. Wir müssen um 18:30 Uhr an Bord sein - letzter Einschiffungstermin, Abfahrt ist um 19:00 Uhr, für privat reisende Gäste wartet das Schiff nicht und jetzt wird es knapp.

José kennt einen Umweg, der ist zwar länger, aber garantiert staufrei, wir drehen um.

Jetzt hat die Verspätung wohl den Ehrgeiz unseres Taxifahrers geweckt, was jetzt folgt, kann nur noch bedingt als `Fahren´ bezeichnet werden.

Die Straße ist hier eine Staubpiste aus festgefahrenem Lehm, eng und sehr kurvig geht es in einer unvorstellbaren Geschwindigkeit bergab. Es dauert, mit uns sind noch andere auf dem Umweg unterwegs, aber die haben es anscheinend genauso eilig wie wir.

José ist das egal. Gegen dieses Erlebnis ist jede Achterbahn der Welt langweilig, auf den hinteren Sitzen ist es bis auf einige spitze Schreie sehr ruhig geworden, ich klammere mich an den Haltegriff über der Tür, schleudere aber trotzdem ab und zu komplett nach links auf unseren Fahrer.

Es dauert noch mehr als eine halbe Stunde, dann sind wir da. Zwanzig Minuten vor der Zeit und vollkommen fertig.

1993 MS Europa

Tischgäste, Rituale und Herr Kuhn

Die Dame ist auffällig, sehr auffällig und auch nicht mehr ganz neu. In ihrer Verkleidung aus Wildleder mit all den Fransen daran erinnert sie an Karl May´s Old Shatterhand, dazu kommt eine riesige Tasche aus Krokodilleder, eine ebenso riesige Goldrand-Sonnenbrille, Stiefeletten aus dem gleichen Material wie die Verkleidung und tiefgebräunte Haut mit Falten, vielen Falten, das Ganze mit reichlich Goldschmuck dekoriert.

Es ist der 17. Dezember 1993, wir sind im Gate in Frankfurt und warten auf den Flug nach Puerto Rico. Nach einer Zwischenübernachtung geht es am nächsten Tag weiter nach Tortola zur MS Europa.

Weihnachten in der Karibik.

Gemäß der Bewertung im Berlitz Cruise Guide von Douglas Ward sind wir auf dem besten aller Kreuzfahrtschiffs, der MS Europa. Das Buch ist in der Fachwelt zwar umstritten, trotzdem hat uns die Platzierung der MS Europa imponiert, unsere Kreuzfahrt geht bis zum 8. Januar, danach bleiben wir noch einige Tage in Costa Rica.

Der erste Eindruck unseres Kreuzfahrtschiffs übertrifft unsere hochgesteckten Erwartungen bei Weitem, unglaublich viel Platz für die knapp sechshundert Gäste. Die

Kabine ist UntenInnen, ziemlich in der Mitte, rund 22 Quadratmeter groß mit einem riesigen Doppelbett, einer Couch, zwei Sesseln, Tisch und ausreichend Schrankplatz für unsere 134 Kilogramm Gepäck.

Der Tisch im Restaurant ist quadratisch, an jeder Seite ist Platz für zwei Gäste. Das Ehepaar Bucher kennen wir von der Anreise, gegenüber uns sitzt Manfred, der wohl unter anderem ein Rennauto, ein Flugzeug und eine Barbie-Puppe hat, die neben ihm sitzt und sein imposantes Dasein angenehm stumm dekoriert. Peter und Kerstin links neben uns sind aus dem Süden, er macht Damenmode mit eigenem Label und mehreren Filialen in Deutschland, davon eine in Düsseldorf, die wir sogar kennen. Kerstin ist nur bei ihm angestellt, trägt seine Mode und begleitet ihn nicht nur auf Reisen mehr oder weniger dauerhaft.

Buchers sind ein wenig ruhig und einfach, das stört aber nicht. Wir alle staunen pflichtbewusst über die vollkommen uninteressanten Selbstdarstellungsreden von Manfred und freuen uns über Barbie´s perfekte Kommentare.

"Ja, mein Schatz, das war toll, nicht?" und "Das kann er wirklich gut!" und "Er macht das halt perfekt, ich finde das immer ganz prima…"

Sie himmelt ihn an, ihr Lächeln dazu ist bühnenreif. In einem Schaufenster eines GUCCI-Ladens würde sie die vorbeiströmenden Fußgänger zum Stolpern bringen.

Peter, Kerstin, Birgit und ich werden zum Team, später an der Bar tauschen wir uns über unsere Tischnachbarn aus und wünschen uns keine anderen, in dieser Konstellation gibt es doch ordentlich was zu Lachen.

Ein Herr neben uns weist uns auf eine Messing-Plakette an einem Barhocker hin, die von der Reederei dort platziert worden ist - darauf die Gravur "Herr Kuhn".

"Herr Kuhn ist Stammgast hier, der hat schon über 900 Tage an Bord verbracht, tagsüber sitzt er immer auf diesem Hocker, trinkt Pils und schaut auf´s Meer raus."

Natürlich ist er auch jetzt wieder an Bord, und niemand hier würde ihm diesen Platz verwehren, Ehrensache…

Es geht auf dieser Reise durch die Karibik, an Heiligabend endet der erste Teil in Curacao, dort kommen neue Gäste und es geht nach weiteren Besuchen auf Karibikinseln durch den Panama-Kanal nach Guatemala, Mexiko und schlussendlich nach Costa Rica.

Ein wenig Umdenken ist angesagt. Nach jetzt fünf größeren Kreuzfahrten haben wir uns an einige kuriose Rituale gewöhnt, die hier auf der MS Europa vollkommen fehlen.

So werden Ausflugsteilnehmer auf unseren bisherigen Kreuzfahrten immer etwa eine halbe Stunde vor Beginn in einem vorbestimmten Raum des Schiffes gesammelt und erhalten dort für das gekaufte Ausflugsticket eine Plastikkarte mit der für Sie gültigen Busnummer.

Nach intensiver Einweisung über die Verwendung dieser Nummer werden die jetzt kategorisierten Teilnehmer gebeten, dem Mitarbeiter mit der hochgehaltenen Busnummern-Kelle zu folgen. Die so konzipierte Polonaise erreicht dann gemeinsam das vorher per Funk als bereit gemeldete Transportmittel, an dem hinter der Frontscheibe noch einmal Busnummer und Ausflugtitel deutlich sichtbar angebracht sind.

Die vorher verteilten Plastikkarten werden vor dem Einstieg jedem Gast wieder abgenommen und gezählt, danach folgt eine weitere Volkszählung im Bus, die fast nie mit der Zahl der vorher ausgegebenen Karten übereinstimmt.

"Mein Mann kommt gleich, der musste nochmal zur Toilette".

Oder eine Freundin hat die Buskarte in der Tasche verkramt, manchmal hat auch ein Gast einfach die ganze Prozedur nicht verstanden, die Polonaise verpasst oder ist in einer anderen gelandet.

All das fehlt auf der MS Europa vollkommen - wie im richtigen Leben geht man hier davon aus, dass normal intelligente Reisende nach Erwerb eines Fahrscheins völlig allein, rechtzeitig und ohne vorherige Polonaise den passenden Bahnhof und auf dem richtigen Bahnsteig auch den richtigen Zug finden.

Auf den gebuchten Tickets ist neben dem Ausflugtitel der Treffpunkt, die Busnummer und die Abfahrtszeit vermerkt, die Ausflugsgäste finden sich auch ohne Versammlung und ohne Polonaise an den Bussen ein, zeigen am Bus ihre Tickets und die Fahrt beginnt. Ein bis zwei Mitarbeiter reichen zur Beantwortung von Fragen oder Unterstützung der Gäste vollkommen aus.

Gäste mit Verspätung verpassen ihren Ausflug, wie im richtigen Leben.

Taxi, Zigarren und Nagellack

Seetag heißt, wir sind den ganzen Tag auf dem Wasser. Wir sitzen an Deck, neben Birgit sitzt mehr zufällig die Old Shatterhand-Dame aus Frankfurt, man kommt ins Gespräch. Frau Kürten ist aus Hamburg, und dort aus Blankenese. Sie ist Witwe eines Mannes, der irgendwas mit Öl zu tun gehabt hatte - und das kann kein Salatöl gewesen sein.

Der Kellner bringt die vorbestellten Drinks.

"Das hab´ ich nicht bestellt!" Frau Kürten wirkt entschieden, der Kellner ist verunsichert.

"Ich denke schon…Frau Kürten…"

"Kommen Sie doch mal auf die andere Seite!" Der Kellner umrundet Frau Kürtens Stuhl und steht nun links…

"Doch, jetzt kommen Sie mir bekannt vor, Sie haben recht, geben Sie her!"

Wir kommen ins Gespräch, Frau Kürten ist eine ausgesprochen nette, sehr selbstbewusste Dame, die nicht das erste Mal auf der MS Europa ist, man spricht sie mit Namen an. Der Vormittag wird lustig angenehm, begleitet von wunderbaren Drinks, die der Kellner nun immer von links serviert.

Santiago de Cuba ist unser erster Hafen, wir hatten uns entschlossen, ein Taxi zu nehmen und Santiago zu erkunden. Frau Kürten hat keinen Plan.

"Kommen Sie doch mit!"

Birgits Idee ist gut, die Dame macht einfach Spaß.

"Dann reden Sie erst mal mit Ihrem Mann darüber, wenn Sie alleine sind..."

Ich schalte mich ein.

"Das brauchen wir nicht. Kommen Sie mit, wir kriegen das schon hin, sooo furchtbar unangenehm sind Sie ja nicht..."

Wir haben ein Taxi gefunden, Birgit und Frau Kürten sitzen hinten, ich als Zweimeter-Riese vorn neben dem Fahrer in einem der antiken Ami-Schlitten, für die Kuba berühmt ist. Der Taxifahrer ist stolz auf sein Fahrzeug und deutet auf einen winzigen Ventilator hin, der schief am Armaturenbrett angeschraubt ist:

"Air Condition, free of charge!" Die Sitze sind durchgesessen, aber immer noch leidlich bequem, das tiefe Blubbern des Zwölfzylinders mit defekten Auspuff ist aber einfach nur noch schön. Wir schweben los, die tiefen Löcher in den Straßen verursachen lediglich ein leichtes Schaukeln des gesamten Gefährts, vergleichbar mit dem Schwanken eines Kreuzfahrtschiffes, das bei Vielen die Seekrankheit auslöst.

Santiago war von 1523 bis 1556 Hauptstadt Kubas und Hauptstützpunkt der spanischen Armada in der Karibik. Daneben war sie Ankunftshafen für die Sklavenschiffe aus Westafrika, der größte Teil der Bevölkerung ist afrikanischer Abstammung.

Die Stadt hat rund 500.000 Einwohner und ist die zweitgrößte Stadt Kubas.

Nach einer Rundfahrt durch die bunte Innenstadt spazieren wir durch das beeindruckende Castillo de San Pedro de la Roca, das 1637 südwestlich der Stadt errichtet worden war. Die Festung ist vor allem unter dem Namen Castillo del Morro bekannt geworden und von der UNESCO als schützenswertes Weltkulturerbe anerkannt.

Birgit braucht Nagellackentferner. Kuba ist nun nicht gerade das optimale Land für Drogerien oder Shopping-Malls, aber die Hoffnung stirbt bekanntlich zuletzt.

In der Nähe des Ausgangs der Festung gibt es tatsächlich ein unscheinbares Lädchen mit allen möglichen Dingen für den täglichen Bedarf, wir finden unter Anderem Seifen, Zahnbürsten, Damenbinden, Lippenstifte, Shampoos und Deo-Roller. Nagellack und dessen Entferner gehören dagegen nicht zum täglichen Bedarf der kubanischen Damenwelt und fehlen folgerichtig.

Unser Taxifahrer bringt uns in eine kleine unscheinbare Zigarren-Fabrik, ein winziger Eingang mitten in der Häuserfront einer belebten mehrspurigen Straße. Nur wenig Licht fällt durch die kleinen Fenster in den überraschend großzügigen Innenraum.

Etwa zehn uralte Holztische sind mit je einer Pendellampe aus dem Mittelalter diffus beleuchtet, hier sortieren auffallend hübsche junge Frauen Tabakblätter, die dann an anderen Tischen von alten Männern von den Stielen befreit, zurechtgeschnitten und zu einer zylindrischen Form gerollt werden, um an wieder anderen Tischen bei noch älteren Männern mit einem fehlerfreien Deckblatt zu einer echten kubanischen Zigarre zu werden.

Es riecht fantastisch nach frischem Tabak, die Arbeitsabläufe und Zusammenarbeit wirken absolut harmonisch. Einer der Aufseher führt uns stolz durch die Produktion, Arbeiter posieren mit den dicken Zigarren für mein Foto, ein alter Mann freut sich über das kleine Wegwerf-Feuerzeug, das ich ihm schenke.

Rauchen ist in der Zigarrenproduktion nicht erlaubt.

Bevorzugte Wohngegend

Manfred und seine Barbiepuppe verlassen uns an Heiligabend, sie bleiben noch eine Woche im wahrscheinlich besten der weltbesten Luxushotels. Manfred hat uns eingeladen, wir sollen uns das ruhig mal ansehen. Ein Taxi hält am Ende der beeindruckenden Auffahrt, man gewährt uns Einlass, nur Manfred und Barbiepuppe sind nicht da. Wir nehmen am hoteleigenen Strand vier Liegen mit Zubehör auf Kosten von Zimmer 9014.

"Wir haben noch Getränke im Supermarkt in der Stadt besorgt, die sind da wesentlich günstiger!"

Mangels Engagement von Manfred besorge ich sechs Bier in Plastikbechern zu je sechs Dollar Fünfzig. Wir gruppieren uns um die vier Liegen herum und versuchen vergeblich, Manfreds Einladung mit einem Gespräch zu beleben. Die abschließende Zimmerbesichtigung bleibt bescheiden, eine dort im Eiskübel schlafende Flasche Champagner bleibt unaufgeweckt, die Einladung endet wohl im Sinne des Einladenden schnell und für ihn vollkommen kostenfrei.

Zum Abend erwarten wir neue Tischnachbarn, es ist Passagierwechsel, für die meisten Gäste beginnt eine neue Reise.

Gestern war die Idee entstanden. Wir wollten die neuen Mitreisenden am Tisch mit einem Gag begrüßen, wir hatten eine Flasche Champagner für das Abendessen bestellt, nach dem Anstoßen wollten wir uns bei den Neuen für den gelungenen Einstand bedanken (und das dann danach aufklären).

Es hat nicht funktioniert.

Frau Held kommt aus einer bevorzugten Wohngegend auf dem Killesberg in Stuttgart, ist Unternehmerin in der Reinigungsbranche und nicht lustig. Sie hat einen Ehemann dabei, gemäß ihrer Aussage ist er aber unwichtig, weil wenn nötig, Sie ihn auch problemlos entbehren kann. Gesagt hat er nichts, nie.

Kerstin ist nicht mit Peter verheiratet, das geht ja gar nicht. Schlimmer noch, Kerstin ist nicht die Directrice der Ackermannschen Mode-Welt, nur einfache Angestellte.

Birgit ist modisch angezogen, Frau Held geht nicht Einkaufen. Sie lässt sich zweimal pro Jahr die neuen Kollektionen auf den Killesberg bringen und muss nicht in die schrecklichen "Geschäfte mit all den Leuten, Sie verstehen schon." Buchers werden konsequent ignoriert, weil ebenfalls unwichtig.

Peter geht so, Modemacher sind immer für irgendwas gut, und sei es auch nur für dumme Fragen. Ich rangiere irgendwo dazwischen, sie kann mich wohl nicht einschätzen, Manager oder so was kennt sie nicht so gut.

Wieder an der Bar lachen Peter, Kerstin, Birgit und ich über unsere neue Tischnachbarin mit dem unnützen Mann und wünschen uns keine anderen, in dieser Konstellation gibt es doch wahrscheinlich ordentlich was zu Lachen - dachten wir, die Abendessen werden aber mehr und mehr anstrengend.

"Sie haben ja schon wieder was Neues an?!"

Birgit reagiert prompt: "Sie werden auch nicht erleben, dass ich auf dieser Reise irgendetwas zweimal anziehe, Frau Held."

An Silvester treffen wir fünfundzwanzig Durchreisende uns um 17:00 Uhr zum Jahreswechsel-Aperitif - zu Hause ist es gleich Mitternacht.

Alle tragen Galakleidung, uns umgibt wunderbare Klaviermusik, eine wirklich festliche Atmosphäre, Champagner wird serviert und der Kapitän findet die richtigen Worte, die diese Einladung zu einem herrlichen Erlebnis machen. Es ist einfach nur schön, Kreuzfahrt mit Gänsehaut.

Auf dem Weg zum Galadinner sind wir in Feierlaune, lachend erreichen wir unseren Tisch, an dem Frau Held und der Ehemann selbiger schon Platz genommen haben. Birgit ist bester Laune. Frau Held liegt im optischen Vergleich mit meiner Frau weit hinten und rastet plötzlich vollkommen aus.

"Lachen Sie nicht so, hier am Tisch, ich verbitte mir das! Das ist ja wohl unmöglich!!"

Es reicht. Peter prustet los, Birgit hat sich verschluckt, Kerstin ist nur noch baff, Buchers haben nichts mitbekommen.

Mir reicht´s…

"Frau Held, ich habe den Eindruck, dass Sie sich bei uns hier am Tisch nicht wirklich wohl fühlen, Sie verdienen eine passendere Gesellschaft. Ich bin sicher, dass unser Maitre eine Lösung findet und Ihnen bestimmt sehr gerne einen entsprechenden Tisch anbietet, an dem Sie sich mit elitäreren Gästen aus Ihrer Welt besser unterhalten können. Ich werde mich für Sie darum kümmern. Ich bin auch ganz sicher, dass sich alle an unserem Tisch für Sie freuen, wenn Ihnen für den Rest der Reise eine angenehmere Umgebung ermöglicht wird."

Für den Rest des Abends ist sie verstummt wie ein kaputtes Radio.

Als Ersatz erhalten wir am folgenden Tag Baronin Welter, optisch mindestens 112 Jahre alt, in einem bodenlangen Abendkleid und Dekolleté bis zum Bauchnabel mit flachgetrocknetem Inhalt und irgendwie ziemlich anstrengend.

In Wirklichkeit ist sie wohl Mitte achtzig. Sie macht Konversation, ist wohl dabei, aber nicht wirklich unser Fall, alles wirkt aufgesetzt, Spaß macht das nicht.

Ihre Tochter ist irgendwie weltlicher:

"Machen Sie sich bitte keinen Kopf. Wir sind ziemlich sicher morgen wieder weg, meiner Mutter zieht es überall - das ist schon unser vierter Tisch."

Vielleicht würde ein Rollkragenpullover helfen - nicht nur wegen der Zugluft…?

Wir sind für den Rest der Reise unter uns geblieben.

Quetzal, Chichicastenango und Atitlan

Quetzal heißt der farbenprächtige Wappenvogel Guatemalas, Puerto Quetzal ist der an der Pazifikküste gelegene Hafen. Die MS Europa bietet Ausflüge zum Atitlansee an, bereits Alexander von Humboldt lobte ihn wegen seiner Lage vor drei Vulkanen. Andere Fahrten führen nach Antigua Guatemala, wegen der dortigen herausragenden kulturellen Stätten als Weltkulturerbe geführt.

Wir wollen ganz etwas Anderes. In einem umfangreichen Dossier über Südamerika hatte ich einen begeisternden Bericht über einen Indio-Markt im Hochland von Guatemala entdeckt, da wollen wir hin. Das besagte Buch ist dabei, eine detaillierte Beschreibung der Fahrtroute gibt uns ein wenig Sicherheit, jetzt brauchen wir nur noch ein Taxi, das uns dort hin bringt. Wir haben Frau Kürten dabei, anscheinend hat sie unsere mitgebrachte Literatur von der Abenteuertour überzeugt.

Der Hafen ist als solcher nicht zu erkennen, am Anleger gibt es nur zwei Autos, beides bemitleidenswerte Toyotas. Ein junger Mann bezeichnet sich als Guide und spricht uns auf Englisch an.

"Tour? Taxi? Private?"

Wir wollen nach Chichicastenango, mehr als 200 km entfernt.

"Yes, yes, no problem." Einhundertfünfzig Dollar für den gesamten Tag sind ok, er zaubert für den alten Toyota einen Fahrer herbei, ich sitze mit meiner Kamera und unserem Fahrtroutenbuch vorn, Frau Kürten, Birgit und der Guide hinten auf der durchgesessenen Rückbank.

Es geht los, zuerst einmal zu einer Tanksäule irgendwo in Quetzal. Wir müssen Benzin kaufen, die Boys haben kein Geld, das soll aber mit dem ausgemachten Preis verrechnet werden. Kurz darauf stellt sich heraus, dass die Zwei noch niemals irgendwas von unserem Ziel gehört haben und natürlich keine blasse Ahnung haben, wo und was denn das sein soll…

Egal, mein Buch wird´s schon richten. Ein paar Kilometer Panamericana liegen vor uns, dann soll´s rechts abgehen.

"Sagen Sie denen bloß nicht, was Ihre Kamera gekostet hat…!"

Frau Kürten macht sich Gedanken um unser aller Zukunft. Es läuft aber nicht schlecht, ich kann immer rechtzeitig bekannt geben, wann abgebogen werden soll oder voraussehen, wenn eine Wassermühle auftauchen soll. Die Fahrt ist herrlich, die abwechslungsreiche Landschaft beeindruckt uns alle gleichermaßen.

Es geht weiter, mein Buch ist äußerst zuverlässig. Hinten im Toyota hat Birgit mit dem Guide den Platz getauscht und sitzt jetzt nicht länger auf dem harten Mittelplatz über dem Kardantunnel, sondern links an der unten durchgerosteten Türe.

Wir nähern uns unserem Ziel, durchqueren Flusstäler und Straßen ohne Belag. Unser Auto hat inzwischen die

Farbe gewechselt, aus dem Toyota-Rot Rot ist jetzt ein Grau-Grün geworden, der Staub bedeckt alles überall.

Chichicastenango liegt ebenfalls hier im Hochland auf etwa 2000 m Höhe. Im alten Königreich der Quiché war die Stadt ein wichtiges religiöses und politisches Zentrum. 1524 zerstörten die Spanier den alten Maya-Tempel und bauten auf seinem Sockel die Kirche Santo Tomás.

Bis heute wird der Ort des Tempels jedoch noch von Maya-Schamanen genutzt, die Weihrauch und Kerzen auf ihm anzünden und manchmal Tieropfer (Hühner) darbringen.

Auf den Treppen von Santo Tomás hier in Chichicastenango findet an jedem Donnerstag und Sonntag der größte Markt Mittelamerikas statt. Einheimische Quiché, Mam, Ixil, Cakchiquel und andere Volksgruppen verkaufen hier ihre Waren, die ausnahmslos in Handarbeit entstanden sind, darunter farbenfrohe Kleidung, Webdecken, Dreiecks-Tücher, Stickereien, Teppiche, Holzschüsseln, Lederwaren und herrlich bunter Schmuck aus Stoff oder Leder. Dazu kommen endlose Stände mit lokalen Lebensmitteln, einheimischen Obstsorten, Tieren, Pflanzen, Samen und Stecklingen.

Es ist voll hier, voll von Händlern, Frauen in typischer Kleidung mit und ohne Baby, Vätern mit Söhnen, Brüdern mit kleinen Schwestern und Opas mit Enkeln - aber wir sind fast die einzigen Fremden. Fast zwei Stunden genießen wir die unglaubliche Atmosphäre und angenehme Geräuschkulisse dieses quirligen Platzes.

Ein quadratisches gesticktes Bild mit landestypischen Gesichtern, ein fast zwei Meter langer handgewebter Läufer und ein landestypisches Zierband mit kleinen Figuren werden uns später zuhause an Chichicastenango erinnern.

Die Rückfahrt ist einfacher, zu unserer Überraschung haben die zwei Taxiboys gut aufgepasst und finden fast ohne Hilfe die Richtung zu unserem Kreuzfahrtschiff.

Nach zwei weiteren Tanksäulen halten wir - noch rund 140 km von unserem Hafen entfernt - auf einem wunderbaren Felsplateau im Hochland von Guatemala und haben einen faszinierenden Blick auf den in 1.500 m Höhe weit unter uns gelegenen Atitlansee.

Es ist kalt, wir hatten das erwartet und uns vorbereitet. Unsere zwei Fahrer frieren um die Wette, kurze Hosen und einfachste T-Shirts gehen hier gar nicht, es ist höchstens vier Grad.

Gleich neben uns sitzt eine kleine Gruppe Einheimischer um ein Lagerfeuer herum, die zwei bunt angezogenen Kleinen mit den herrlich schwarzen Strubbelhaaren mustern uns schüchtern. Dichte Wolken umrunden das Plateau, es ist fast dunkel, obwohl es erst später Vormittag ist.

Einige scharf begrenzte Sonnenstrahlen beleuchten den riesigen Atitlansee unter uns, fast unwirklich zeigt sich weit hinten ein kleiner Ort am Ufer, wir sind vollkommen begeistert.

An einem Zuckerrohrfeld halten unsere Boys - im

Kofferraum erkennt man nur noch schwach unter der Staubdecke unsere inzwischen graugrünen Taschen - eine Machete dient zur Ernte von zwei langen Zuckerrohr-Stangen, von den wir abbeißen und probieren sollen. Es schmeckt sehr süß - wie auch sonst, aber die Taxiboys sind richtig stolz.

Zurück auf der Panamericana - inzwischen ist es dunkel geworden - grummelt der Toyota, er nimmt fast kein Gas mehr an und wird immer langsamer. Frau Kürten ist unbemerkt recht ruhig geworden und umklammert schon seit einiger Zeit einen kleinen Porzellan-Hund, ein Talisman von Ihrem verstorbenen Mann.

"Electronica roto?" Ich verstehe ein paar spanische Brocken der intensiven Unterhaltung des Fahrers und Guides, sie sind aufgeregt wegen des augenscheinlich defekten Autos. Ich habe einen anderen Verdacht, nach dem ganzen Staub am Vormittag.

Richtig, der Luftfilter ist zu, nach Reinigung läuft der Toyota wieder normal und in der Ferne voraus tauchen ganz klein die Lichter der MS Europa auf.

"Dass ich das noch erlebe…" Frau Kürten meldet sich merklich erleichtert zurück, es ist 18:30 Uhr, wir sind zurück.

Birgit kommt nach einer Kurzrenovierung zum ersten Mal im Leben mit feuchten Haaren zum Tisch im Restaurant.

Abendessen gibt es ab sieben.

Panama, Weihnachtsteller und Mafia

Hier ist es richtig heiß. Wir haben uns zwei Liegen im Schatten genommen, an Steuerbord, etwa Mittschiffs - Peter und Kerstin schwitzen ein wenig weiter hinten. Gegen sieben Uhr am Morgen sind wir aus der karibischen See durch die Gatun-Locks in den Panamakanal eingelaufen, in der Limon Bay gab es heute praktisch keine Wartezeit, auch die rund vier Kilometer Zufahrt zu den Schleusen konnten wir zügig durchfahren.

In den Gatun-Schleusen wird die Europa um rund 26 Meter in den künstlich aufgestauten Gatúnsee gehoben, hier startet die Reise durch den Kanal.

Der Panamakanal ist rund 82 Kilometer lang, durchschneidet die Landenge von Panama und verbindet für die Schifffahrt den Atlantik mit dem Pazifik. Der Kanal ist seit 1914 eine der wichtigsten Wasserstraßen der Welt.

Jetzt sind wir fast zwei Stunden in Richtung Panama unterwegs, im Moment zeigt das Thermometer 36°C an, die Sonne steht praktisch senkrecht.

Die Pedro-Miguel-Schleuse leitet den Abstieg ein, sie führt in den sechzehn Meter über dem Pazifik liegenden Miraflores-See. Auf der anderen Seite des Sees erreichen wir die berühmten Miraflores-Schleusen, durch die wir den Kanal verlassen und den Pazifik erreichen.

Das Einfahren in die Schleuse ist eine Meisterleistung,

das Schiff ist praktisch genau so breit wie das Schleusenbecken, rechts und links bleiben noch einundsechzig Zentimeter Abstand zur Kanalwand.

Vier Zahnradlokomotiven mit Stahltrossen - „Mulis" - schleppen die Europa durch die Schleusenkammern und stabilisieren das Schiff gegen die Strömungen beim Wasserein- und -auslass, dabei können sie auf den bis zu 45 Grad steilen Rampen von einer Kammer zur nächsten fahren.

Zusammen mit uns verlässt hinter uns im gleichen Schleusenbecken ein winziges Segelboot den Kanal in Richtung Pazifik, der Aufwand mit den Begleitlokomotiven und den Stahltrossen ist identisch und wirkt dort total übertrieben.

Gegen Mittag legen wir im Hafen von Panama-Stadt an, Hauptstadt und der Regierungssitz des mittelamerikanischen Staates Panama und mit ca. 1,5 Millionen Einwohnern die größte Stadt des Landes Die moderne Stadt ist das wirtschaftliche, politische, touristische und kulturelle Zentrum des Landes.

Durch die Entdeckung des Inkareiches in Peru war Panama-Stadt schon früh zu einem wichtigen Handelszentrum geworden, die Reichtümer der Inkas wurden von hier nach Europa transportiert.

1671 war Panama Stadt durch den englischen Piraten Henry Morgan zerstört worden und wurde an ihrer heutigen Stelle neu erbaut.

"Verehrte Gäste, seien Sie vorsichtig, Panama-Stadt ist

nicht ungefährlich, es gibt viele Diebstähle, hier herrscht außerdem die Mafia."

Auf der MS Europa klingt das bedeutsam, wir lassen jegliche Schmuck- oder Armbanduhren-Dekoration an Bord, jeder nimmt nur zwanzig Dollar mit, meine Kreditkarte kommt in den rechten Schuh…man weiß ja nie.

Kerstin will zuerst einmal nach Hause telefonieren, im Hafen gibt es Telefonzellen.

"Hallo Pappi!!! Ist schön hier, wir sind in Panama, unheimlich warm, wie ist es in Deutschland??"

Bei der Lautstärke hätte Kerstin ihren Vater auch ohne Telefon erreichen können…kurz darauf sitzen wir in einem Taxi, ich auf der durchgehenden Bank neben dem Fahrer, die anderen drei hinten auf einer Art Sofa.

Der panamaische Ami-Schlitten hat wirklich schon bessere Tage gesehen, aber Pablo, der fast zahnlose Taxifahrer ist humorvoll und lustig und freut sich offensichtlich, Gäste aus Europa durch seine Stadt fahren zu dürfen. Er schenkt mir sein Einwegfeuerzeug, mein kleineres ist leer, schade, dafür hatte ich mir gerade eine recht schöne Edelstahlhülle gekauft.

Wir besuchen die Casco Viejo, die Altstadt, das wunderbare historische Viertel von Panama-Stadt. 1673 wurde hier nach der Zerstörung der Stadt eine erste neue Siedlung errichtet. Das Viertel wurde 1997 zum Weltkulturerbe erklärt.

Panama-City zeigt sich als eine Stadt mit modernen

Hochhäusern, die Altstadt ist ein schmuckes, fast dörfliches Idyll in bunten Farben mit Märkten, die an Souks aus Marokko erinnern. Die Ruinen der ehemaligen Siedlung sind noch vorhanden - Panamá la Vieja - die durch den englischen Seeräuber zu zweifelhafter Berühmtheit gekommen sind.

Die MS Europa bleibt von Mittag bis zum nächsten Abend, morgen gibt es Ausflüge zu den Kanalschleusen, in den Regenwald und einige Panoramafahrten. Peter und Kerstin haben die Kanalschleusen gebucht, wir kennen das bereits und buchen unseren Taximann erneut für den nächsten Tag. Er ist begeistert und will uns um 9:00 Uhr am Schiff abholen, er hat den ganzen Tag für uns reserviert.

In der Weihnachtszeit haben sich auf dem bunten Adventsteller in unserer Kabine Schokoladenmänner, Plätzchen, Marzipan und viel Süßes angesammelt. Wir sind keine Fans von Süßigkeiten, Birgit hat die Idee, das alles doch dem Taxifahrer zu schenken, bestimmt hat er Kinder, die sich darüber freuen.

Um halb neun sind wir mit dem Frühstück fertig. Der Hafenkai ist ungewöhnlich leer, es sind keine Ausflugsbusse, keine Privatwagen und auch keine Taxen zu sehen. Im Schiff kursieren wilde Gerüchte, denn bisher ist noch kein gebuchter Ausflug gestartet, es fehlen ganz einfach die Busse.

"Komisch, unser Taxi ist auch nicht da - naja, wenn er nicht kommt, nehmen wir halt ein anderes. Ist ja auch noch nicht neun, mal sehen..."

Um kurz vor neun sehen wir ein einziges Fahrzeug vor unserem Schiff - unser Taxi. Der immer noch zahnlose Pablo steht an der Fahrertür und winkt aufgeregt, wir steigen ein und setzen uns in Bewegung. Keine vierhundert Meter weiter - hinter der Schranke - stehen gefühlte fünfzig Taxen, dahinter die fehlenden vierzehn Ausflugsbusse. Unser Taximann grinst zufrieden.

"What´s going on here?"

"Me and my collegues are very disppointed, we are very angry - the first cruise ship this year, and nothing to earn! All guests go on busses! We block the busses in front of the harbour-entrance!"

Blockade, deshalb der leere Hafen. Unser Taxi ist das einzige, Pablo war ja bestellt und hatte die Kollegen überzeugt, dass er unbedingt auf die Pier muss. Wie konnten wir nur daran zweifeln, typisch deutsche Überheblichkeit...

"You have children?"

Ja, sieben. Er hat aber keinen Kühlschrank, es muss etwas passieren, sonst ist die Weihnachtsschokolade hin.

"My mother has a fridge..."

Dann soll er halt zu Mutter fahren, Hauptsache, die Schokolade fließt uns nicht weg, es ist schon jetzt 28°C und der Oldtimer hat keine Klimaanlage. Wir brauchen alle unsere Überredungskunst, er telefoniert, kündigt uns an und fährt los.

Mutter hat inzwischen Kaffee gekocht, Opa und Oma dazu gerufen, die kleineren der Kinder sind aufgereiht und der Bruder unseres Taxifahrers sitzt mit am Tisch, ein Muskelpaket erster Güte. Es wird eine lockere Runde bei leckerem Kuchen und recht gutem Kaffee, wir schwätzen über dies und das, wo wir herkommen, wie es da ist, wo es hin geht, was so ein Schiff wohl kostet. Wir erfahren, dass die Mafia hier alles beherrscht, aber so ist wenigstens eine Art Ordnung da, wir brauchen keine Angst zu haben, der Bruder gehöre dazu, und unseren Taxifahrer kenne jeder, dem passiert nichts.

Beruhigend?!

Die neuerliche Panoramafahrt durch Panama-Stadt ist nicht wirklich interessanter als die gestrige. Ein kurzer Aufenthalt in einem Shoppingcenter, es gibt panamaischen "Champagner", wir freuen uns auf ein Gläschen auf der Kabine.

Im Taxi zurück bekomme ich von Pablo eine Tüte in die Hand gedrückt, darin wohl 15-20 kleinere Einwegfeuerzeuge, passend zu meiner seit gestern verwaisten Edelstahlhülle.

Inzwischen ist es wohl an die 40°C heiß. Es ist zwei Uhr nachmittags, wir sind vollkommen durchgeschwitzt und entscheiden uns, das weitere Sightseeing gegen eine klimatisierte Bar mit kaltem Bier und gutem Wein auf der MS Europa zu tauschen.

Über eine gut ausgebaute Schnellstraße erreichen wir nach knapp einer halben Stunde den Hafen.

Pablo protestiert, er hat Geld für den ganzen Tag bekommen und will seinen Teil der Vereinbarung unbedingt auch erfüllen.

Als wir um 19:00 Uhr ablegen, steht er immer noch am Pier - falls wir noch einmal in die Stadt wollen, bleibe er, bis wir abfahren - hatte er betont.

Meine Kreditkarte aus dem rechten Schuh ist durchgebrochen.

Sekt, Acapulco und Tequila

Eine der zwei Flaschen Panama-Sekt hatten wir mit Peter und Kerstin schon in unserer Couchgarnitur auf der Kabine geleert, heute soll die zweite in Angriff genommen werden.

Draußen an Deck rücken wir zwei Sonnenliegen zusammen und platzieren unsere Flasche und die mitgebrachten Gläser dazwischen. Ein Decksteward beobachtet uns und unser Tun.

"Sehr geehrte Gäste, das geht so nicht, das finden wir hier nicht in Ordnung, würden Sie mir bitte die Flasche und Ihre Gläser geben?"

Wir haben schlagartig ein schlechtes Gewissen, die Flasche ist ja aus Panama und nicht in der Bar erworben, das gehört sich ja wohl auch nicht.

Er verschwindet mit seiner Beute, ein wenig ratlos bleiben wir zurück. Kurz darauf erscheint ein Tablett mit vier Sektgläsern, ein Sektkühler mit Eis und unserer Panama-Flasche darin und wird auf einem kleinen Tisch zwischen unsere Liegen platziert. Der Stuart öffnet geschickt die Flasche und füllt die Gläser.

"Zum Wohlsein, meine Damen und Herren, das ist viel besser. Sekt und Champagner wird auf der MS Europa immer so serviert – Mit Kühler und richtigen Gläsern macht Ihnen das sicher viel mehr Freude. Einen schönen Tag wünsche ich Ihnen."

Das hat Stil. Mitgebrachte Getränke? Da stehen wir drüber...

Acapulco hatten Birgit und ich vor zwei Jahren bereits mit der MS Vistafjord besucht, unser damaliger Taxifahrer war klasse - er hatte uns zu diesem besonderen Restaurant gebracht, die Visitenkarte des Besitzers hatten wir noch. Wir hatten dann ein Bild von uns nach Acapulco geschickt und darum gebeten, dass er seinen Taxifahrer-Freund bittet, uns um neun Uhr morgens am Pier abzuholen. Zwei Wochen später hatten wir Post aus Mexiko, alles ist vorbereitet.

Acapulco de Juárez ist umgangssprachlich als „Acapulco" bekannt, liegt am Pazifik und ist vor allem als internationaler Urlaubsort bekannt. Die Stadt ist heute eine der gefährlichsten Städte der Welt und die gefährlichste Mexikos, weil sich fünf Drogenkartelle um die Vorherrschaft streiten.

Die MS Europa ist pünktlich um 8:00 Uhr an der Pier. Peter, Kerstin, Frau Kürten und wir treffen uns um kurz vor neun vor dem Abfertigungsgebäude, es ist voll hier. Viel Gäste wollen privat Erkundungen machen und diskutieren mit den örtlichen Taxifahrern über Touren und Preise.

Ich suche, aber keiner der Fahrer ist mir bekannt, ziemlich ratlos überlegen wir, was zu tun ist.

Birgit entdeckt ganz hinten einen farbigen Hünen, der unser Bild in der Hand hält und nach den Originalen sucht.

Einen Augenblick später sitzen wir Fünf in einem geräumigen Wagen, der Hüne klärt uns auf:

"Joe not could come, his little daughter came hospital in night. I drive you, where you want."

Wieder so eine schöne Geschichte…vollkommen fremde Menschen in Mexiko halten ihr Wort, kümmern sich, machen was, auch wenn´s mehr Aufwand ist.

La Quebrada ist eine der bekanntesten Attraktionen in Acapulco, Mexiko, hier springen professionelle Klippenspringer, die Clavadistas, von einem Felsen ins Wasser. Eine blaue Gebetssäule steht oben, zu Ehren der Jungfrau von Guadelupe, einer Marienerscheinung aus dem 16. Jahrhundert, die in Mexiko als Nationalheilige verehrt wird.

Die Bucht ist voll von kleinen Jachten, Booten und Ausflugsdampfern, die vom Wasser aus die Show der Springer verfolgen. Wir bekommen einen Logenplatz im La Perla und sehen den Felsen im Profil, der blaue Himmel und der Horizont bilden den Hintergrund, wenn die Clavadistas mit Saltos und Schrauben von der Felsklippe springen - 35 Meter tief in die Quebrada, eine enge Schlucht, unten nur vier Meter breit.

Die Kulisse ist gigantisch, vom La Perla über die Menschenmenge auf den Aussichtplattformen bis hinüber zur Straße, die sich auf der anderen Seite der Bucht einen Hügel hinauf erstreckt. An der Leitplanke stehen Schaulustige, sie sehen sich das Spektakel von weitem und vor allem gratis an.

Gegen zwei sitzen wir an einem perfekt dekorierten Tisch in Eusebios Gartenrestaurant. Frau Kürten, Kerstin und Birgit bekommen zur Begrüßung eine langstielige rote Rose und einen Handkuss von Eusebio, der sich dazu nicht einmal bücken muss.

Es gibt keine Speisekarte, unser Wirt hat sich ins Zeug gelegt und ein Extra-Essen für die deutschen Gäste vorbereitet.

Nach zwei undefinierbaren Vorspeisen aus uns unbekannten Gemüsesorten mit viel Koriander stellt Eusebio eine Platte mit seltsam geformten etwa faustgroßen Fleischstücken oder Fleischtieren auf den Tisch.

"Especialite! Wonderfull, extra for my german Guests."

Der männliche Anteil unserer Fünfergruppe startet den ersten Versuch, Kerstin folgt, Frau Kürten ist noch unschlüssig, Birgit kneift von vornherein.

"Wenn ich nur wüsste was das ist...sieht aus wie ein Vogel?"

Peter hat keine Berührungsängste, er isst tapfer weiter.

"Kann aber auch ein großer Frosch sein..."

Mir schmeckt es zwar irgendwie, aber es gab schon mal Besseres - ich bleibe aber tapfer auf der Suche nach einem bekannten Geschmack, muss aber auch nach drei Viertel der Aufgabe abbrechen.

"...oder ein kleiner Hund?"

Frau Kürten hat inzwischen probiert, sie ist nicht mehr

unschlüssig, sie lehnt weitere Versuche dankend ab. Kerstin sagt gar nichts, sie hat immerhin die Hälfte des Unbekannten gegessen.

Eusebio stört das anscheinend überhaupt nicht, er serviert einen höllisch scharfen Schnaps, damit soll es ganz anders schmecken.

Wir spielen gemeinsam recht glaubwürdig eine totale Übersättigung durch die Vorspeisen, die Fleischplatte oder was immer das war, verschwindet in der Küche.

"You man and this your wife?"

Eusebio hält Peter und Frau Kürten für Eheleute und Kerstin für deren Tochter. Peter biegt sich vor Lachen, Frau Kürten denkt wer weiß was und Eusebio wird rot wie ein Krebs.

Eine kostenlose Runde Tequila folgt, die Welt ist schnell wieder in Ordnung, Eusebio ist aufgeklärt, wir bezahlen eine unglaublich niedrige Rechnung und beenden den Besuch mit einem sehr speziellen Kaffee aus einer Kanne mit Kohle unten drin…

Nur Hunger hatten wir noch.

1996 MS Gripsholm
Schnupperreise, Kapitänstisch und Sandbank

Unsere Freunde wollen auf Kurz-Kreuzfahrt, es soll von Kiel nach Mandal in Norwegen, dann nach Oslo, dann nach Kopenhagen und von da zurück nach Kiel gehen - eine Schnupperreise.

Rainer ist Mitglied im Transocean-Club, er regelt das mit der Buchung für Ihn und seine Frau Harriet, für ihren ehemaligen Mann Harald, für dessen Eltern und für uns.

Am 1. August 1996 schiffen wir am frühen Nachmittag in Kiel auf der MS Gripsholm ein, wir haben Kabine 414 UntenInnen.

Die frühere MS Sagafjord ist das Schwesternschiff der MS Vistafjord, mit der wir 1991 in der Karibik unterwegs waren - damals beide von Cunard bereedert. Wie die MS Vistafjord ist die Sagafjord noch ein Schiff mit herrlichen klassischen Linien, langen Bug und leicht gebogenem Rumpf.

Um 18:00 Uhr ist Seenot-Rettungsübung, bis 18:30 Uhr soll das erledigt sein, anschließend gibt es einen Willkommensdrink bei der Auslaufparty an der Lido-Bar. Abendessen ist um sieben, Bekleidungsvorschlag leger.

Das Restaurant mit einer wunderbar geschwungenen Treppe, die den Raum grandios erweitert, wirkt sehr großzügig und elegant. Die Menuekarte überrascht auf ganzer Linie, es gibt drei verschiedene kalte Vorspeisen, eine warme, dann drei Suppen, drei Salate, vier Hauptgerichte, ein vegetarisches Gericht, fünf Desserts zur Auswahl und abschließend Kaffee.

Unser Tisch liegt direkt vor dem Ausgang der Küche. Fast im Sekundentakt öffnet und schließt sich quietschend die Tür, volle Tabletts schweben über unsere Köpfe hinweg zu den Tischen.

"Rainer, das ist aber nix hier, ich denke, Ihr seid Clubmitglieder und bekommt was Besonderes?"

Besonders ist das ja, aber in der falschen Richtung. Rainer versteht, er will das klären. Vor dem Mittagessen am nächsten Tag präsentiert er das Erreichte:

"Das Schiff ist ausgebucht, es gibt keinen einzigen freien Stuhl mehr im Restaurant, schon gar nicht welche für sieben Gäste. Der einzige freie Tisch steht genau in der Mitte, und das ist der Kapitäns-Tisch."

"Und das heißt???"

"Ab heute Mittag sitzen wir alle Sieben für den Rest der Reise am Kapitäns-Tisch."

Er ist mit Recht stolz, die Lösung ist im wahrsten Sinne des Wortes einmalig.

Im Restaurant sind damit erst einmal die Kellner überfordert:

"Da können Sie aber nicht sitzen, das ist der Kapitänstisch!"

Doch, es gibt eine Art Berechtigungsschein, der Kellner

staunt nicht schlecht. Wir bemerken die fragenden Blicke aus der Umgebung, fast kann ich die Gedanken raten, die durch die Köpfe der Gäste gehen.

"Die sind von Transocean aus der Geschäftsleitung."

"Die sind bestimmt mit dem Kapitän verwandt."

„Die wohnen bestimmt oben in den Suiten."

Nee, wir wohnen UntenInnen.

Wir genießen die skandinavische Welt, die kleine Stadt Mandal in Norwegen zeigt uns die Gemütlichkeit bunter Holzhauszeilen und winziger Fußgängerzonen ohne Shopping-Malls und Glasfassaden. Imposant ist die große Kirche, die 1821 hier eingeweiht wurde, es gibt einen lebendigen Bootshafen und nette kleine Geschäfte.

Am Abend haben wir Gesellschaft am Tisch, der norwegische Kapitän Rohdal spricht genug deutsch, um eine Unterhaltung in Gang zu setzen, er ist sehr sympathisch. Wein und Getränke gehen hier an diesem Tisch auf seine Kosten - auch nicht schlimm.

Wir alle werden eingeladen, beim Willkommenscocktail des Kapitäns im Musiksalon sind wir VIPs, auch hier landen die Getränkekosten auf dem Kapitänskonto.

Die MS Gripsholm erreicht Oslo um 8:30 Uhr am Samstagmorgen. Oslo hieß früher Christiana und ist seit 1299 Hauptstadt von Norwegen. Wir sind ohne gebuchten Ausflug unterwegs, ein Bimmelbähnchen zeigt uns die wichtigsten Sehenswürdigkeiten der Stadt.

Entlang der Hauptstraße Karl Johans Gate findet man

Restaurants, Bars und Cafés, aber auch viele Geschäfte, Einkaufscenter, moderne Boutiquen und gemütliche alte Bierstuben.

Heute am Samstag ist die Innenstadt voller Menschen in sommerlich leichter Kleidung, nur vor dem beeindruckenden Schloss patrouillieren die Palastwachen in kompletter Uniform bei gefühlten 30°C.

Die Liegezeit der MS Gripsholm ist zu kurz, schon gegen 13:30 Uhr verlassen wir Oslo mit Kurs auf Kopenhagen in Dänemark. Wir hätten gerne ein wenig mehr Zeit gehabt.

Kopenhagen ist lebhaft, die Kneipenmeile Nyhavn ist überfüllt von jungen Leuten, Studenten und Wochenendlern, die den Sonntag ausnutzen, in der angenehmen Sonne relaxen und in den kleinen Kneipen ein Bier trinken.

Am Abend hat unser Kapitän seine Frau mit an Bord, sie sitzt mit am Kapitänstisch, in zwanzig Minuten soll abgelegt werden. Heute ist Abschiedsdinner, das Essen ist etwas Besonderes und die Garderobe dem Anlass entsprechend ein wenig formeller.

Draußen verlässt die QE2, das Flaggschiff von Cunard, den Hafen von Kopenhagen und macht sich auf den Weg nach Southampton, von wo aus es weiter nach New York gehen soll. Zehn Minuten später bemerkt man auch am Tisch die ersten Motorvibrationen, Vorzeichen des Auslaufens.

Kapitän Rohdal sitzt neben seiner Frau am Tisch, heute

fährt der Staffkapitän die MS Gripsholm aus dem Hafen, es ist 19:40 Uhr. Ganz langsam nimmt unser Schiff Fahrt auf, vom Tisch in der Mitte des Restaurants sieht man die Bewegung in den Fenstern kaum.

Der erste Gang wird serviert, Kaviar an Ei, Creme-Fraiche und kleingehackten Zwiebeln. Der Kapitän hat seinen Lieblingswein ausgewählt und prostet uns zu. Eine angenehme Unterhaltung entwickelt sich, wir sprechen über Kreuzfahrten, Ziele, Häfen und fremde Länder.

Plötzlich ein heftiges Rumpeln - das Schiff wackelt - die Gespräche stoppen, ein Raunen geht durch den Saal.

"Jooohh…ich haben den Staffcaptain oben, guter Mann, kann kein Problem sein nicht… JooJoo…"

Wenn´s der Kapitän sagt…

Dann folgt ein unglaublicher Schlag, das Schiff steht. Der Kapitän hat die Ruhe weg, seine Frau ist blass geworden.

"Jooohh…dann ich muss auf der Brücke, nachsehen."

Die Situation ist schnell jedem klar - das hier ist alles andere als normal. Von allen Tischen ist das Geschirr komplett auf den Boden gerutscht, die Motoren sind inzwischen verstummt.

"Der Horizont da hinten im Fenster ist schief, wenn das mehr wird, sollten wir uns was überlegen…"

"Und wenn auf der Freitreppe die Musikkapelle anfing zu spielen, fände ich das auch nicht so prickelnd …"

Frau Kapitän bekommt einen Aschenbecher, jetzt

gelten hier die Regeln nur noch bedingt, hier darf jetzt sogar geraucht werden, was ich persönlich auch nicht bedauere. Das Dinner ist zu Ende, das interessiert aber Niemanden mehr - Essen und Porzellan sind eh hin oder auf dem Boden verstreut.

Es dauert, Vermutungen ersetzen zuverlässige Informationen - ein Gast glaubt an eine Kollision, mit und ohne Loch im Schiff, ein Anderer bringt einen Wal ins Spiel, Auf Grund gelaufen liegt jetzt vorne, die gebrochene Schiffsschraube hält man für ausgeschlossen.

Die Kreuzfahrtleiterin Sabine Hinz macht es nach einer guten halben Stunde offiziell.

„Die MS Gripsholm ist auf eine Sandbank gelaufen, wir sind hier im Öresund, in Höhe der Insel Saltholm. Das Schiff liegt stabil, es besteht keinerlei Gefahr für Gäste oder Crew, wir haben Kontakt zu den Behörden an Land. Wir werden versuchen, aus eigener Kraft wieder frei zu kommen, mehr Informationen gebe ich Ihnen später.

Ab sofort sind alle Getränke in allen Bars frei."

Somit hat für die meisten Gäste die Havarie einen durchaus positiven Effekt, man hat zu Hause viel zu Erzählen und bekommt auch noch was umsonst.

Jetzt mixen die Barkellner Cocktails im Endlosbetrieb und öffnen Sektflaschen im Akkord. Bestellt wird, was teuer ist wie Bier und zum Teil völlig umsonst, denn mancher teure Cocktail ist halt nicht jedermanns Sache, der bleibt dann ungenutzt stehen. Kost´ ja nix heute…

Sektkühler sind schon vergriffen, Champagner ist seit 21:34 Uhr aus.

Das Montags-Frühstück ist hervorragend und in keiner Weise durch die Havarie beeinflusst, jetzt sitzen wir an Deck, die Sonne macht gute Laune - eigentlich hätten wir just im Moment in Kiel aussteigen sollen.

In der Nacht ist ein erster Versuch gescheitert, durch Abpumpen von Öl das Schiff leichter zu machen und so aus eigener Kraft wieder frei zu kommen. Man hat sich inzwischen zu einer Evakuierung entschlossen, im Laufe des Tages sollen die Gäste mit Tenderbooten an Land gebracht werden.

Harald, mein Namensvetter, wohnt ganz vorne ObenAußen, er hat sich eine Suite geleistet, wir wohnen UntenInnen und sollen mit dem ersten Schwung an Land gebracht werden - die Suiten zuletzt.

Rainer kümmert sich, wir wollen alle zusammen von Bord, dazu wird das komplette Gepäck unserer kleinen Gruppe auf die Suite nach ObenAußen gebracht - voraussichtlich sind wir so erst am späten Nachmittag an der Reihe.

Wir genießen den Tag in der warmen Augustsonne und beobachten die langwierige Rettungsaktion mit den Tenderbooten.

Über uns taucht ein Helikopter auf und kreist über dem Schiff, in der geöffneten Türe sitzt ein Kameramann und filmt die anscheinend aufregende Szene mit der havarierten MS Gripsholm.

RTL berichtet dann detailliert über die furchtbare Beinahe-Katastrophe, bei dem mehr als fünfhundert Gäste eines Luxus-Kreuzfahrtschiffs nur ganz knapp mit einer lebensgefährlichen Rettungsaktion in Sicherheit gebracht werden können.

Wir passen nicht in das Bild, wir sitzen in der Sonne auf dem Pooldeck des Katastrophenschiffes bei gutem Wein, kühlem Sekt, kaltem Bier und sehr guter Laune.

Wir sind sieben Gäste, die gerade eine Schiffs-Katastrophe überlebt haben.

2000 MS Delphin

CorseAir, Treibstotff und Rio de Janeiro

18. Dezember 2001, in Frankfurt sitzen wir seit fast anderthalb Stunden in einer Maschine der CorseAir und warten auf den Abflug nach Rio de Janeiro. Das Flugzeug erinnert an eine Sardinendose, mein Versuch, die Knie in die Sitzreihe zu bekommen, war vorhin gescheitert.

Notgedrungen hatte mich die Stewardess auf einen Gangplatz vor einer der Wände gesetzt, Birgit bekam einen Mittelsitz auf der rechten Seite.

Inzwischen hatten sich die beiden Plätze rechts und links von Ihr mit zwei Massentouristen prall gefüllt, die wohl beide nach einer Gurtverlängerung fragen mussten.

Wirklich angenehm ist das alles nicht. Unser Charterflug mit all den Kreuzfahrern wäre zu schwer beladen, man suche an einem Flughafen für eine Zwischenlandung zum Nachtanken - mit der jetzt maximalen Spritmenge könne man mit diesem Gewicht nicht bis Rio kommen…

Nach weiteren fünfzehn Minuten intensiven Ratens wurde die Lösung über die Lautsprecher präsentiert.

Weniger Sprit macht den Flieger auch leichter, ausserdem kann man auch auf Essen und Trinken verzichten und den gebunkerten Proviant wieder ausladen.

Treibstoff wird abgepumpt und viele Kisten Proviant verlassen uns, dann geht´s zum Rollfeld - richtig beruhigt ist hier niemand.

Dreizehn Stunden Flug, ein einziger Becher Wasser und eine kleine Tüte Kekse. Um 00:30 Uhr stehen zweihundertfünfzehn Kreuzfahrer am Gepäckband in Rio de Janeiro, verspätet, müde, hungrig und schlecht gelaunt.

Eine gute Stunde stehen wir an der Lido-Bar der MS Delphin, früher ein Schwesternschiff der MS Kazakhstan, mit der wir ja 1987 im Indischen Ozean unterwegs waren. Das Ehepaar neben uns hat noch keine Kabinenkarte, wir helfen gerne, ich bestelle vier Bier.

"Was haben Sie denn morgen vor?"

Rio, was auch sonst…wollen wir zusammen raus?

"Ja, gerne, dann nehmen wir ein Taxi zu viert und schauen dann mal, wie und ob das zusammenpasst."

So offen vorsichtige Mitfahrer hatten wir noch nicht, aber immerhin, wenn wir uns denn furchtbar auf den Geist gehen sollten, ist eine Trennung schon mal in Aussicht gestellt…

Gegen elf am Vormittag sind wir an der Copacabana, der Strand ist voll, viele Familien haben alle ihre Sonnenschirme, Kinder, Großeltern und ihren Grill mitgebracht und in Betrieb genommen. Tangas und knappe Oberteile an wohlgeformten weiblichen Rundungen suchen wir vergebens, diese Spezies übt wohl gerade anderswo für den Karneval der Sambaschulen.

Ich hätte Lust auf ein Bier, es ist heiß hier.

"Sie trinken am Morgen schon Bier?"

Ja.

"Und Sie wollen zum Mittag nicht zurück auf's Schiff und dort essen, weil's da schon bezahlt ist?"

Nöö.

"Ok, klasse - da brauchen wir auch nicht nachdenken und abwarten, das geht dann wohl!"

Holger und Jutta Schmidt aus Duisburg - ab jetzt mit uns gut befreundet.

Unser Taxi bringt uns zum Zuckerhut, wir haben eine wunderbare Aussicht auf Rios Strände und auf den mit leichten Wolken dekorierten Corcovado ganz im Hintergrund. Hoffentlich reichen die Diafilme aus...

Zum Pflichtprogramm gehört natürlich die Zahnradbahn und der anschließende Aufstieg auf den berühmtesten Berg Brasiliens. Es gibt keine Wartezeiten, alleine die Fahrt auf den Corcovado ist schon ein kleines Erlebnis.

An der Endstation folgt der Aufstieg über eine Treppe mit 220 Stufen bis zur Aussichtsplattform. Nach einigen Minuten stehen wir am Fuß der riesigen Jesus-Statue, es ist nicht sonderlich voll und wir genießen in Ruhe den Panoramablick über Rio de Janeiro.

Die Aussicht ist unglaublich.

Churasco, Schuhe, und Caipirinha

Zwei Tage später erreichen wir Salvador de Bahia.

Wir sind mit Holger und Jutta unterwegs, am Hafenterminal hat die Stadt eine gut ausgestattete Touristeninformation für die Kreuzfahrer eingerichtet. Es gibt geführte Stadtrundgänge, Bustouren, Mietwagen mit und ohne Fahrer und recht bequeme Taxen, die individuelle Fahrten zu moderaten Preisen anbieten - wir haben für den ganzen Tag gebucht.

Der historische Pelourinho - früher der Sklavenmarkt von Bahia - ist weihnachtlich dekoriert, eine riesige Bühne mit weißen Engeln, Putten und einem gigantischen Weihnachtsmann beherrscht die Szene und lenkt ein wenig von der eigentlich sehr heimeligen Atmosphäre des schönen Platzes ab.

Mitten in der Stadt an einer vierspurigen Straße bestaunen wir Metallfiguren in langen bunten Blechkleidern auf einem kleinen See.

Dieser See und der ihn umgebende Park stellen eine einmalige Naturzone innerhalb Salvadors dar und gelten durch seine übergroßen Orixa-Figuren auch als eines der Wahrzeichen der Stadt.

Die künstlerisch gestalteten Figuren zeigen negroide Frauen in farbigen Kostümen, sie spiegeln sich im Wasser und scheinen sich gegenseitig anzusehen, kleine Springbrunnen komplettieren das wunderbare Ensemble.

Mein Wunsch nach Fotos gestaltet sich schwierig, ich müsste über die Schnellstraße auf die andere Seite, entscheide mich aber nach drei vergeblichen Risiko-Versuchen dagegen.

Unser Taxifahrer ist sichtlich stolz auf "seine" Stadt, wir erleben einen riesigen Markt: lebendige Hühner neben Frisören, Fleischverkauf bei 30°C, Hundewelpen, Papageien, frisches und altes Obst, Setzlinge für den Garten, Holzlatten, Ziegelsteine und Second-Hand Bügeleisen, Kleidung von gestern und morgen, Designer-Lampen und Teppichböden werden hier verkauft, alles OpenAir, es riecht streng.

Hygiene ist hier ein Fremdwort, wir sind total fasziniert und gleichzeitig sprachlos.

Der letzte Einschiffungstermin ist erst um 23:30 Uhr, wir wollen noch typisch brasilianisch essen - natürlich kennt unser Taxifahrer die absolut beste Churascoria Bahias.

Das Restaurant macht einen sehr guten Eindruck, es ist großzügig eingerichtet, modern, groß und sauber, das Churasco-Essen kostet umgerechnet nur rund zwanzig Mark pro Person. Fleisch bekommt man, so viel man will, dazu steht noch das Buffet kostenlos zur Verfügung.

Man spricht nur portugiesisch, als letzte Gefälligkeit instruiert unser Taxifahrer den Maitre. So ist sichergestellt, dass dieser später unsere Rückfahrt zum Hafen organisiert, ein Taxi bestellt und dem Fahrer klare Anweisungen gibt, wo er uns hinzubringen hat.

Auf den Tischen der Churascoria ist an jedem Platz ein kleines umklappbares Metallschild angebracht, grün auf der einen und rot auf der anderen Seite, so kann der Gast die Fleischlieferung an den Tisch unterbrechen oder fortsetzen lassen. Die Kellner sind wie Gauchos angezogen und schieben Servierwagen durch das Restaurant, darauf recht beeindruckende Spieße, große Steaks und viel Gebratenes von Rindern, Lämmern, Kälbern, Schweinen und Geflügel.

In der Mitte des Restaurants komplettiert ein riesiges Buffet das Angebot, bekannte und unbekannte Vorspeisen, frisches Gemüse und Salate aller Art, Suppen und Desserts vom Feinsten lassen einem das Wasser im Mund zusammenlaufen.

Die Getränke sind nicht im Preis eingeschlossen, Holger, Jutta und Birgit versuchen es mit einer gemeinsamen Flasche Wein, ich bin ja Biertrinker und bestelle entsprechend ein Fosters. Nach knapp einer Stunde ist die erste Weinflasche leer und ich bin beim zweiten Bier, die Fleischeslust ist immer noch akut und das Buffet noch nicht abschließend beurteilt - es werden die notwendigen Getränke nachbestellt.

Abschließend krönen Digestifs und Kaffee den Abend, der Maitre bringt die Rechnung und kümmert sich um unsere Rückfahrt zum Hafen. Der moderate Pauschalpreis für´s Essen ist inzwischen zum kleinsten Teil der Gesamtrechnung geworden - trotzdem:

Alles gut, es war ein herrliches Erlebnis.

Die Stadt Recife weiter oben im Norden begrüßt uns an Heiligabend. Hier in Recife leben rund anderthalb Millionen Einwohner, die Gegend von Recife wurde 1537 von den Portugiesen besiedelt.

Der Name „Recife" ist eine Anspielung auf die vielen Felsenriffe, die die Strände der Stadt schützen, der bedeutendste Strand in der Stadt ist Boa Viagem.

Es ist laut hier, typisch brasilianisch, unglaublich quirlig und sehr bunt. Ein vier Meter großer Weihnachtsmann mit Gefolge spaziert zwischen einer überhaupt nicht weihnachtlich wirkenden Menschen-menge durch die Fußgängerzone. Fast alle Geschäfte haben übergroße Lautsprecher am Eingang, mit denen wortreich die ganz besonderen Weihnachts-Angebote angepriesen werden, die wenigen Sprechpausen sind mit rhythmischer Musik aufgefüllt, sehr laut und sehr brasilianisch.

Birgit entdeckt Schuhe, passend, preiswert, flach und hübsch, und ganz schnell gekauft.

"And you?"

Der Verkäufer versucht es bei Jutta. Sie hat Größe 42, seinen Gesichtsausdruck kann man nicht beschreiben.

Das wird hier nichts mit Schuhen für Jutta.

Unsere Hemden sind inzwischen durchgeschwitzt, es ist gegen elf, es ist wieder mal sehr heiß hier. Die Kneipe rechts vorn hat Aircondition und eine Reklame für Fosters Bier. Wir sitzen an einem Hochtisch auf Barhockern, die Klimaanlage funktioniert einwandfrei.

"Four beer please."

Das Mädel mit dem Tablett schaut ungläubig.

"Four???"

Yes. Ein Augenblick später stehen vier Bierflaschen vor uns. Jede Flasche hat eineinhalb Liter Inhalt, ist eiskalt und von einem passenden Kühler umhüllt.

Egal, nach einer dreiviertel Stunde sind die sechs Liter Bier in uns.

"Eigentlich sind wir ja blöd, wir sind doch in Brasilien, hier trinkt man doch Caipirinha!"

Gegenüber findet sich eine neue KlimaKneipe, die Caipis dort sind fast so gut wie unsere Laune danach. In den folgenden drei Caipi-Bars auf dem Weg zurück zum Schiff vergleichen wir dann deren Caipis mit dem ersten, irgendwie gut drauf und ziemlich begeistert erreichen wir am späteren Nachmittag unsere Kabinen.

Am Abend startet die MS Delphin in Richtung St. Helena, vier Tage auf dem Atlantik liegen vor uns.

Es weihnachtet sehr...

St. Herlena, Napoleon und Bingo

Die Insel St. Helena ist 3286 km von Recife entfernt und liegt mitten im Atlantik. Die MS Delphin braucht sechs Tage bis Jamestown auf St. Helena.

1815 wählte die britische Regierung die Insel als Verbannungsort Napoleons, der im Oktober 1815 dorthin deportiert wurde und bis zu seinem Tod am 5. Mai 1821 in Longwood House residierte.

Viele Seetage liegen vor uns. Wir gehen zum Bingo, oben in der Lidobar sind unsere zwei Plätze in der Ecke frei, Katharina und Waltraud sind schon da. Wir hatten für uns diesem Tisch schon zu Beginn der Reise verpflichtet, Katharina hatte es erklärt:

"Herzlich willkommen! Gleich vorweg - wir haben hier eine kleine Regel: Wer einmal an unserem Tisch Bingo spielt, sollte immer Bingo an unserem Tisch spielen - und wer gewinnt, gibt einen Wodka aus."

Kein Problem, die Bingo-Runde hat sich als klasse herausgestellt. Katharina ist so etwas wie die Leitfigur, Sie hat das Sagen, ist richtig lustig. Wir erfahren, dass Sie einst Olympiasiegerin in irgend einem Laufwettbewerb ge-wesen ist - und man sieht es ihr auch an, groß gewachsen, tolle Figur und meist irgendwie sportlich gekleidet.

Katharina wird auf dieser Reise vierundachtzig.

Wahnsinn.

Die Seetage sind alles andere als langweilig, wir nutzen die Sonne, die Bars und freuen uns über Grillfeste mit Haxen oder Bratwürsten mitten auf dem Atlantik bei fünfunddreißig Grad im Schatten. Tanz an Deck oder spektakuläre Sonnenuntergänge sind Highlights an den Abenden.

Freya aus Süddeutschland ist Alleinreisende, mittelalt und lädt uns zum Kniffeln ein, mit einigen Getränken am Lidodeck ist es ein recht angenehmer Nachmittag und wird am nächsten Tag fortgesetzt.

"Zwei Wein und ein Bier."

Gerne, der Kellner ist schnell, Birgit unterschreibt den Beleg. Die Kniffelrunde ist im Wiederholungsmodus, wir treffen uns jetzt bereits zum dritten Mal. Mir fällt auf, dass Freya bei Bestellungen von Getränken auffallend zurückhaltend ist und bei leeren Gläsern gern mal zur Toilette muss.

Birgit und ich beschließen eine temporäre Abstinenz, trotz leerer Gläser verzichten wir für die nächste halbe Stunde auf eine Bestellung, warten auf Freyas Toilettengang und ordern ein Glas Bier und ein Glas Wein.

"Habt Ihr mir nichts mitbestellt?"

Die Frage klingt nebensächlich, fast schon beiläufig…

"´ntschuldigung, aber wir wussten ja nicht…"

Birgit wirkt absolut glaubwürdig.

"Naja, ist nicht so schlimm, mir ist eh nicht so gut, ich glaub´, ich geh´ jetzt doch in die Kabine."

St. Helena hat nur einen kleinen Hafen, unser Schiff ist völlig überdimensioniert und liegt auf Reede. Die Behörden erlauben keinen Tenderbetrieb mit den bordeigenen Rettungsbooten, an einer schwimmenden Plattform wechseln wir in kleine Boote, die uns an Land bringen.

Jamestown hat 880 Einwohner, der Vorort Half Tree Hollow 901 Einwohner, zusammen vereinigt diese „Hauptstadtregion" 38 Prozent der Inselbevölkerung auf sich.

Longwood House, Napoleons Verbannungsort müssen wir natürlich sehen. Wir beraten uns in der wohl einzigen Kneipe von Jamestown - Holger will zu Fuß gehen, ich halte das für eine Schnapsidee, Jutta und Birgit halten sich raus.

Eine Art Touristen-LKW, bunt und mit festgeschraubten Holzbänken auf der ehemaligen Ladefläche fällt uns auf, zwei Gäste vom Schiff sitzen schon oben.

"Wollen Sie auch zum Napoleon? Dann kommen Sie doch mit!"

Unsere Frauen entscheiden spontan und vollkommen ohne Rücksprache. Sie klettern auf die LKW-Pritsche, wir zwangsläufig hinterher. Nach zwanzig Minuten Fahrt ist auch Holger von der Richtigkeit der Entscheidung überzeugt, zu Fuß wäre das niemals gegangen.

Oben sehen wir Napoleons Haus, in dem er bis zu seinem Tod gelebt hat, das winzige Bett, in das ich nicht einmal ohne Beine gepasst hätte, die niedrigen Zimmer, die kleine Küche und den bescheidenen Wohnraum.

Alles ist sehr gut erhalten, ein Museum, aber bei der Abgelegenheit der Insel nur ganz selten besucht.

Das Haus steht in einem schönen Garten, der offensichtlich gut gepflegt wird. Man blickt über die Insel, Bäume fehlen, die Natur ist flach, Gräser und niedrige Flechten dominieren.

Zurück in der wohl einzigen Kneipe von Jamestown schreibt Jutta zwei Ansichtskarten, zum Beweis des ordnungsgemäßen Versands fotografieren wir das Einwerfen in den wohl einzigen Briefkasten von Jamestown.

Fünfzehn Uhr, Bingo, Katharina fehlt. Das hatten wir noch nicht, sie ist die Zuverlässigkeit in Person. Es könnte ja etwas passiert sein… Es gibt in der Lidobar kein Telefon, Waltraud macht sich auf zur Rezeption, die Mitarbeiter sollten die Kabinennummer kennen und dort anrufen. Es ist besetzt und es bleibt besetzt, Nachsehen ist angesagt.

Katharina hat die Zeitverschiebung vergessen und eine Stunde Rückstand, zufällig den Hörer des Telefons heruntergestoßen und war eingeschlafen: kein Bingo heute für Katharina.

Im Laufe der Reise wächst die Teilnehmerzahl beim Bingo, ich gewinne einen Wodka, weil ich am Ende einer Runde überhaupt noch keinen Treffer habe - was eigentlich nicht sein kann, nach Kontrolle aber bestätigt wird.

Alle Mitspieler bekommen für jede gekaufte Karte einen Eintrag, es wird von der Gewinnsumme ein Anteil für den Jackpot am Ende der Reise einbehalten.

Zu diesem Super-Jackpot-Bingo sind nur Teilnehmer zugelassen, die entsprechende Einträge in der Liste haben, damit das einbehaltene Geld nicht von einem Gast gewonnen werden kann, der nie vorher hier eingezahlt hat.

Ganz schön clever, solche Kreuzfahrer.

Walfischbay, Kreuz des Südens und Neujahr

Harald aus Hamburg war Discjockey auf der Maxim Gorky, wir sind befreundet. Er erzählte uns vor der Reise von einem Ausflug in Namibia, bei dem er mit dem Conférencier und Sänger Fiete Münzner, einen deutschen Auswanderer kennengelernt hatte.

Erst wenige Stunden vor dem Abflug in Frankfurt erreicht mich sein Anruf, er hat endlich die Telefonnummer von Siggi in Walfischbay in Namibia.

Ich erreiche Siggis Frau, erinnere sie an die deutschen Kreuzfahrer, denen sie ihre Welt gezeigt hatten.

"Wir sind mit der MS Delphin an Neujahr in Walfischbay, hätten Sie Lust, uns ein wenig von Namibia zu zeigen?"

Sie ist begeistert und freut sich auf deutsche Gäste und Gespräche in Ihrer Muttersprache und Neuigkeiten aus der alten Heimat.

"Wir sind aber Silvester bei unseren Kindern in Windhuk, wann wir zurück sind, ist noch nicht ganz klar, wenn nicht Neujahr, dann aber in jedem Fall den ganzen nächsten Tag."

Roter Toyota, 14:00 Uhr an Neujahr oder 8:30 Uhr am nächsten Tag, direkt am Hafen, so ist die Verabredung, wir sind sehr gespannt und freuen uns auf Walfischbay in Namibia.

Holger und Jutta kennen Namibia von einigen Safari-

Reisen und Aufenthalten auf einer Lodge in der Etoscha-Pfanne, sie sind mit den Besitzern verabredet.

Freya und ihr Begleiter waren von unserer privaten Ausflugsidee begeistert, wir haben nichts dagegen, so sind wir zu viert.

St. Helena liegt jetzt hinter uns, - zwei Seetage liegen vor uns.

Gegen Mittag an Neujahr 2002 erwartet man das Schiff im Hafen von Walfischbay. Ganz erwartungsvoll stehen wir an der Reling, im Hafen haben sich eine ganze Reihe von Einwohnern versammelt, so ein Kreuzfahrtschiff ist hier noch eine recht seltene Attraktion.

"Guck mal, die da, die könnten das doch sein…oder?!"

Ein Ehepaar in unserem Alter, etwas abseits der Schaulustigen, kommt unseren Vorstellungen nach den Beschreibungen unseres Discjockey-Freundes ein wenig nahe. Birgit schreibt unsere Namen auf einen Bierdeckel, erreicht durch Winken die Aufmerksamkeit der beiden und wirft den Bierdeckel nach unten.

Volltreffer, es sind Siggi und Bärbel Stein, er ist Schmied und lebt seit achtzehn Jahren hier in Walfischbay. Er hat einen eigenen Betrieb aufgebaut und versorgt in ganz Namibia Lodges, Wildparks, Anwesen und alle Arten von Häusern mit Toren, Türen oder Vergitterungen. Achtzehn Mitarbeiter stehen ihm zur Verfügung, alles farbige Eingeborene, die er persönlich angelernt hat.

Wir erfahren viel über das ehemalige Deutsch-

Südwest-Afrika, über Tendenzen, die noch sichtbaren Zeichen der deutschen Vergangenheit zu beseitigen, über die latente Angst vor Enteignungen, über die allgegenwärtigen Probleme durch fehlende Bildung der Einheimischen, über unterschiedliche Mentalitäten und über den oft fehlenden Arbeitswillen der angestellten Arbeitskräfte.

Am späteren Nachmittag zeigt uns Siggi die Namib-Wüste. Er ist überraschend kompetent, kennt sich hervorragend aus und erklärt anschaulich unscheinbare Pflanzen und Sträucher mitten in der Hitze der staubtrockenen Mondlandschaft der Namib.

Über die Küstenstraße, vorbei an riesigen Dünen, erreichen wir Swakopmund, ein wunderschönes Seebad. Deutsche Straßennahmen, luxuriöse Hotels, ein architektonisch reizvoller Bahnhof in ausgezeichnetem Zustand begeistern uns, es ist einfach nur schön.

"Wollen wir heute Abend nicht alle zusammen Essen gehen? Ich lade Euch alle ein!"

Meine Idee findet Anklang, direkt hier im Zentrum von Swakopmund stehen wir vor einem netten Restaurant, in der ersten Etage scheint man einen wunderbaren Blick auf den Ort und den kleinen Strand zu haben.

Siggi versucht sein Glück.

Es ist ausgebucht. Es ist Neujahr, wir sind nicht die Einzigen, die abends ausgehen wollen…

Vier weitere Versuche scheitern, inzwischen ist es fast sieben Uhr.

"Dann müssen wir halt nach Dieter!"

"Wer ist Dieter?"

"Dieter ist aus Hamburg, der ist fast so lange hier wie wir. Dieter hat eine kleine Kneipe, irgendwas zu Essen werden wir da kriegen, wir kennen uns gut."

Zehn Minuten später sind wir bei Dieter aus Hamburg in Swakopmund in Namibia an Neujahr 2002.

"Moin, moin, Dieter, wir sind sechs, hasse noch was zum Essen für uns? Wat mussen wech?"

Dieter ist begeistert, Deutsche Gäste!

Er hat natürlich was, es wird gekocht, er sitzt mit seiner Frau bei uns am Tisch, Klönschnack…toll. Drei Stunden später zahle ich die Rechnung für ein herrliches Essen und unzählige Getränke in Höhe von umgerechnet zweiundsiebzig Mark für sechs Personen.

Siggi gibt Gas, mit fast einhundertzwanzig Stundenkilometern rasen wir auf der beleuchteten und sehr gut ausgebauten Straße zurück in Richtung Walfischbay, wir sprechen noch über den netten Abend bei Dieter.

"Siggi, ich hab´ noch gar nicht das Kreuz des Süden gesehen, geht das von hier eigentlich auch?"

Wir hatten das Sternbild auf unserer Australienreise einmal mitten in der Nacht von Deck aus gesehen.

"Ja, natürlich, ich zeig´es Euch!"

Ohne Vorwarnung und ohne nur im geringsten die Geschwindigkeit zu verringern, verlässt Siggi die beleuchtete Straße nach rechts und setzt die Fahrt in der

Sandwüste fort. Kurz darauf ist es um uns herum stockdunkel, Siggi stoppt und schaltet das Licht aus.

"So, jetzt schaut Euch das mal an!"

Das, was wir anschauen, kann man nur unzureichend beschreiben, jedes Planetarium würde vor Neid im Boden versinken. Über uns wölbt sich ein unendliches Lichterband aus winzigen Punkten - die Milchstraße.

Dort oben ist es strahlend hell, einzelne Sternbilder verschmelzen über uns mit Milliarden anderen zu einem grandiosen leuchtenden Band. Das Kreuz des Südens ist da oben, wunderbar, aber vollkommen unbedeutend in der strahlenden Umgebung endlos konkurrierender Himmelskörper.

Siggi fährt auch den Rest des Heimwegs durch den Wüstensand, auch in der stockdunklen Finsternis ist so der Weg zum Hafen kürzer als über die Straße, auf jeden Fall aber aufregender.

Für den nächsten Morgen haben wir uns um 9:00 Uhr verabredet, wir wollen zu den berühmten nummerierten Dünen zwischen Walfischbay und Swakopmund.

Die Düne 7 ist die höchste, man spricht von etwa siebzig Metern. Siggi ist recht stolz auf seinen Allrad-Toyota, er kurvt offroad mit rund 60 km/h durch den Sand aufwärts, nach beängstigenden Wendemanövern fahren oder rutschen wir wieder dünenabwärts - Spaß pur.

Man soll die Düne sieben erklettern und dann von oben auf der anderen Seite im Sand herunterrutschen. Birgits Versuch scheitert bereits nach etwa acht Höhenmetern, ich versuche es gar nicht erst, die Gehwerkzeuge finden im rutschigen Sand keinen Halt, jedem Meter aufwärts folgt mindestens ein halber Meter abwärts.

Siggi und Bärbel haben eingekauft, auf der Rückseite von Düne 7 gibt es Plätze zum Verweilen. Bärbel deckt einen der festen Picknick-Tische, dort, wo sonst die erfolgreichen Dünen-Herunterrutscher ankommen.

Die zwei Steins haben sich richtig Mühe gegeben: Gekühlter Sekt, frisches Brot und herrlich frische Austern tauchen auf dem Tisch auf, wir sind total begeistert.

Birgit mag keine Austern, das kommt mir entgegen, mit Siggi verbindet mich Interesse an guter Fotografie, ich verspreche ihm eine Kopie meiner aktuellen Bildbearbeitungssoftware zu schicken, die er hier in Namibia nicht bekommt.

Wir bleiben noch sehr lange in Kontakt.

Taxi, Kap und Tafelberg

Holger hat sich gut vorbereitet, er hat Kopien von Reisebeschreibungen für Kapstadt dabei und den eintägigen Aufenthalt komplett durchgeplant: Es soll ein Taxi werden, für uns vier. Zuerst müssen wir natürlich auf den Tafelberg, morgens ist es da nicht so voll und wir brauchen nicht zu warten. Danach - das sehen wir ja dann - soll es zum Kap der guten Hoffnung gehen, da will er so etwa mittags sein, wenn nicht so viel Betrieb ist.

Später dann noch nach Stellenbosch, wegen der guten Weine, und für den Abend dann Essen in der Nähe des Hafens.

Die MS Delphin ist pünktlich in Kapstadt, der Anlegeplatz ist mitten in der Stadt, fast direkt vor der Tür des Table-Bay Grand-Hotels.

Es gibt keine Taxen. Am Ausgang des Hafenbeckens ist eine Zollschranke, dahinter ein winziges Häuschen mit einem Beamten in Uniform, den wir wecken müssen und dann um Hilfe bitten. Er erklärt, das Taxen nicht hierher dürfen, die sind in der Stadt, aber das ist ein gutes Stück zu Laufen.

Überraschend hilfsbereit greift er zum Telefon, keine zehn Minuten später steht das Taxi vor uns, ein nicht ganz neues Modell amerikanischer Bauart, grau und groß, der Fahrer ist ein netter älterer Südafrikaner mit grauen Haaren.

Holger präsentiert seinen Tagesplan - Tafelberg, Kap, Stellenbosch, Waterfront, unser Taxifahrer schüttelt lächelnd den Kopf.

"Am Morgen ist der Tafelberg völlig überlaufen, an der Seilbahn haben Sie mindestens anderthalb Stunden Wartezeit, wir sollten erst einmal zum Kap fahren."

Holger zweifelt.

"Außerdem ist heute Freitag, wenn wir gegen Mittag vom Kap zurückwollen, stecken wir für eine Stunde im Stau und kommen ganz schlecht in die Stadt zurück..."

Holger zweifelt immer noch. Es folgt das Angebot, an der Talstation der Seilbahn vorbei zu fahren, und die Fahrt zum Kap fortzusetzen, wenn es dort zu voll ist. Nach wenigen Kilometern entdecken wir vor der Seilbahnhalle eine etwa 150 Meter lange zweireihige Menschenmenge, alle wollen zur Seilbahn und auf den Tafelberg.

"Ich bringe Sie heute Nachmittag hin, dann können Sie ohne Warten einsteigen, garantiert!"

Unser Taxifahrer scheint mega-kompetent und setzt die Fahrt in Richtung Kap der guten Hoffnung fort.

Das hohe und steile Kliff mit seinem vorgelagerten Felsstrand liegt am Südende der Kap-Halbinsel, etwa 44 km südlich von Kapstadt. Es ist der südwestlichste Punkt Afrikas, hier beginnt die afrikanische Küste ihren Schwenk nach Osten und zeigt die Passage in den Indischen Ozean an. Die auf einem breiten Holzpaneel nahe am Wasser angezeigten geografischen Koordinaten lauten 34° 21' 25" S, 18° 28' 26" O.

An der Küste erstreckt sich eine Felsenlandschaft, die sich unter Wasser auf das Meer ausdehnt, soweit das Auge reicht. Die meisten Felsen befinden sich nur ganz knapp unter der Wasseroberfläche, und ragen mit ihren Spitzen manchmal mehr, manchmal auch gar nicht aus dem Wasser.

Die Besucherterrasse ist schön angelegt und liegt etwa dreihundert Meter vom südlichsten Punkt Afrikas entfernt - der Blick von hier zum eigentlichen Kap ist sensationell, hohe Wellen brechen sich an vielen kleinen Felsklippen, tiefblaues Meer, Gischt und Schaumkronen überall.

Am Boulders Beach bestaunen wir Pinguin-Kolonien zwischen riesigen runden Basaltfelsen und bekommen in einem netten Lokal unseren ersten Kontakt mit südafrikanischer Kochkunst – perfekt, lecker und preiswert.

Wie versprochen, bewältigt unser Taxifahrer die Rückfahrt völlig staufrei, was Holger endgültig von der Sinnlosigkeit seiner Vorplanung überzeugt.

Er akzeptiert ohne Widerrede den zweiten Änderungsvorschlag, vor der Fahrt zum Tafelberg kaufen wir im Weingut ASARA in Stellenbosch nach ausgiebiger Weinprobe einige Flaschen exzellenten Rotwein.

Gegen 16:00 Uhr erreichen wir die Talstation des Tafelbergs.

Es ist leer, überhaupt keine Wartezeit, wir kaufen unsere Tickets für die Seilbahn und machen uns auf den Weg zur Abfahrtshalle.

Die Seilbahn kann 900 Personen pro Stunde befördern, bereits seit 1929 führt sie auf den Tafelberg - sie überwindet einen Höhenunterschied von 700 Metern. Die Kabinen haben Platz für 64 Personen plus Begleiter und drehen sich während der Fahrt einmal um sich selbst, auf der 1200 Meter langen Strecke gibt es keine Stützen.

Die Seilbahnfahrt dauert eine knappe viertel Stunde und ist ein unglaubliches Erlebnis, der Blick auf Kapstadt von oben ist mit nichts zu vergleichen. Oben auf dem Tafelberg genießen wir den Sonnenuntergang über der Stadt und die einmalige Vorabendstimmung, es folgt ein wirklich gutes Essen an der Waterfront.

Das Table Bay Hotel gehört zu den Leading Hotels of the World und so sieht es auch aus. Hier werden morgens die Knicke aus den Zeitungen herausgebügelt.

„Wollen wir noch einen Drink?

Klar wollen wir. Die Bar innen ist bestimmt zehn Meter hoch, die Kellner tagen weiße Jacken und weiße Handschuhe, die Deko ist Luxus pur, überall frische Blumen, es ist sehr vornehm ruhig mit ganz dezenten Klängen aus versteckten Lautsprechern - und es ist fast leer.

Zwei Glas Wein, ein Jack Daniels und ein Campari – Blindflug, in die Barkarte haben wir nicht geschaut, mal sehen, was die Rechnung sagt.

Es ist einfach ein grandioses Erlebnis, das Hotel rühmt sich, die Ära der luxuriösesten Kreuzfahrtschiffe der Vergangenheit in seinen Räumen zu bewahren und fortzusetzen.

Es sieht so aus, als wäre das gelungen. Unsere Rechnung beträgt sechzig Rand, damals rund € 14,00.

Um 23:29 Uhr - eine Minute vor der Boarding - Zeit betreten wir die Gangway der MS Delphin.

Wir erheben Kapstadt spontan zur Nummer eins in unserer Rangliste der bisher besuchten Städte.

Ado, VW-Bus und Rettung

Es ist der 6. Januar, Heilige Drei Könige, in einigen Bundesländern Feiertag und hier in Afrika wie zu Hause mein Geburtstag.

Afrika ohne Safari geht gar nicht, wir wollen jetzt unbedingt Tiere sehen, und wenn´s geht sehr viele und ganz nahe. Der "Olifant Nasionale Park" liegt in erreichbarer Entfernung zu Port Elisabeth, rund 70 Kilometer nordöstlich von Port Elizabeth und ist von 7:00 Uhr bis 19:00 Uhr geöffnet, perfekt für einen privaten Ausflug.

An den "Look-out-points" darf man das Fahrzeug nicht verlassen, an den "Climb-out-points" ist Aussteigen erlaubt, wir bekommen eine Art VW-Bus mit brauchbarer Aussicht für unsere Gruppe von sechs Leuten.

Ein Informationsblatt listet den Bestand an Tieren auf, 320 Elefanten, 15 Rhinos, 30 Zebras, 280 Büffel, 600 Kudus und viele andere hört sich erst einmal sehr gut an, wir sind gespannt.

Vor der Rundfahrt durch den Park sehen wir eine sehr touristische Folklore-Show auf dem zentralen Platz des Museumsdorfes – es tanzen halbnackte mit Federn und Woodoo-ähnlichem Zubehör verkleidete Farbige um einen Fetisch herum, wahrscheinlich haben alle im wahren Leben ein Handy, einen Fernseher und Internet.

Es geht um die Vermählung des Häuptlingssohnes mit einer bildhübschen jungen Frau aus einem anderen Stamm… Es ist laut, es ist sehr rhythmisch, es dauert lang, aber am Ende hat es geklappt.

Wir haben den "Spekboom Day Trail" ausgesucht, drei Stunden soll die Tour dauern, die maximal erlaubte Geschwindigkeit ist vierzig Stundenkilometer, zwölf Kilometer lang ist die Strecke - das könnte man in dieser Zeit auch zu Fuß schaffen, geht aber aus verständlichen Gründen nicht...

Ein zweiter Tourbus mit Kreuzfahrtgästen ist bereits seit zehn Minuten unterwegs.

Der Kurz-Trip ist sicher nicht mit einer Safari vergleichbar, ist aber grundsätzlich nicht schlecht, wir sehen Elefantenherden, viele Büffel und eine Menge Springböcke in freier Natur, für uns ein ganz neues Erlebnis, schon toll, das macht schon Lust auf mehr.

Weit vor uns sehen wir den zweiten Bus, der einen gewissen Vorsprung hat. Er steht in der Nähe eines riesigen Elefantenbullen, wir nähern uns der Szenerie langsam.

Es wird heftig gewinkt, und das sieht nicht nach einer fröhlichen Begrüßung aus - der Bus hat eine Panne, Motorschaden wohl, die sechs Insassen sitzen fest. Es ist vom Fahrer bereits telefoniert worden, man hat Hilfe angefordert, es soll ein Ersatzfahrzeug kommen. Wir bleiben hier, zur Sicherheit, unser Bus fährt ja noch, hat aber auch nur sechs Plätze. Die Zeit vergeht, die erste halbe Stunde ist bereits um, Hilfe ist nicht in Sicht.

Inzwischen ist wohl auch das andere Ende der Telefonverbindung eingeschlafen oder beim zweiten Frühstück, man erreicht niemanden.

Dem Elefanten voraus ist das egal, er frisst genüsslich Laub von jungen Bäumen und blickt zwischendurch zu uns herüber - nicht bedrohlich, aber immerhin aufmerksam.

Das hier ist weder ein "Look-out-point" noch ein "Climb-out-point", die Gäste im havarierten Bus sitzen in einer Art Bräter, durch den Motorschaden gibt es keine kühlende Klimaanalage mehr, es ist heiß.

Nach dreiviertel Stunden reicht es.

„Wir können versuchen, ob Sie hier hineinpassen, das wird aber extrem eng, aber so kommen Sie wenigstens hier weg.

Unser Fahrer manövriert sein Gefährt längsseits, die Schiebetüren liegen sich jetzt gegenüber, unser Bus wird voll - sehr voll, um nicht zu sagen: rücksichtsvoll.

Denn genau so benehmen sich jetzt die zugestiegenen Gäste, wir sind wie Sardinen zusammengequetscht - ein ´Danke` kennen die anscheinend nicht.

"Machen Sie doch mal Platz! Ich krieg´ ja fast keine Luft!"

Ich hab´ aber keinen Platz…

"Dann setze ich mich halt auf Sie drauf."

Wehe dem…

"Dann lassen Sie da mal meine Frau sitzen! Sie können doch wohl mal aufstehen!"

Wir fühlen uns jetzt wie in einem massiv überfüllten Rettungsboot, unser VW-Bus hat mit dem Übergewicht seine eigenen Probleme, den Rückweg zu meistern.

Inzwischen sind wir ein Stück vorangekommen, aber die Meckerei geht unvermindert weiter, als ob **wir** die Eindringlinge wären.

Wir verpassen jetzt den Rest unserer Tour, am Center steigen die Geretteten aus, sie bekommen ihr Geld am Ticketschalter zurück, nehmen das nächste Taxi und sind weg - ohne ein Wort.

Benehmen ist Glücksache.

2007 Albatros
Weckruf, Künstler und Fotokurs

Der Hebbel-Bus kommt frühmorgens in Düsseldorf fast eine halbe Stunde zu spät an, der Transfer nach Monaco inklusive Übernachtung dauert bis morgen Nachmittag, am 20. Dezember 2006 geht unsere Kreuzfahrt in den Orient mit der MS Albatros los.

Das Übernachtungshotel in der Schweiz ist recht einfach, das Abendessen passt zur ermüdeten Reisegruppe, Frühstück ist für 7:30 Uhr angesagt. Wir bestellen an der Rezeption einen Weckruf für halb sieben, ein Getränk an der Bar noch, der Anfang der nächsten Kreuzfahrt ist gemacht,

Die Zimmer sind in mehreren Gebäuden rund um einen kleinen Innenhof verteilt, es klopft an der Tür und ich werde wach, halb. Es klopft wieder, ich bin noch nicht ganz da, Birgit unter der Bettdecke bekommt nichts mit.

Die Tür quietscht, öffnet sich weit, dann steht eine mittelalte Frau mitten im Zimmer.

"Sie wollten um halb sieben geweckt werden! Es ist jetzt soweit, stehen Sie auf!"

Jetzt ist auch Birgit wach, unser Weckruf ist angekommen, es gibt hier in diesem Hotel auf den Zimmern keine Telefone, aber: man weiß sich zu helfen. Kurz darauf kommen wir im Frühstückraum an, der Hebbel Busfahrer sitzt mitten im Raum.

"Ich sitze immer hier in der Mitte, ich kenn´ das schon, man weiß nie, von welcher Seite sich das Buffet zuerst leert, von hier kann man ja noch reagieren.

In der Tat, was da herumsteht, ist wirklich äußerst übersichtlich, wir sind aber recht früh und haben noch die komplette Auswahl der zwei Sorten Aufschnitt, mehreren Scheiben Käse, zwei winzigen Schälchen Marmelade, einem ganzen Liter Orangensaft und der noch vollen Kanne Kaffee unter dem Filter der Kaffeemaschine. Brot ist auf dem anderen Tisch, zwei Baguettes mit einem Messer daneben, Selbstbedienung.

Nach und nach füllt sich der Frühstücksraum mit dem Rest der fünfundvierzig Mitreisenden, der Kampf beginnt, endet aber eher in allgemeiner Belustigung als in Ärger - diese Kreuzfahrer sind zumindest hier ausnahmsweise einmal tolerant.

Fünf Stunden später verlassen uns sechzehn Gäste - wir bestaunen in Nizza die MS Amadea - und erreichen unsere MS Albatros kurz danach in Monaco.

Meine bisherige Fotografie von Kreuzfahrtzielen hatte im Freundeskreis Beachtung gefunden, synchron zu passender Musik überblendete Dias mit mehreren Projektoren lockten immer wieder unsere Bekannten zu uns.

"Das solltest Du mal auf einem Schiff machen, das wäre auch was für die Gäste…"

Ja, wir hatten bei Plantours in Bremen aquiriert und vom Vertriebsleiter eine Vorab-Zusage für zwei kostenfreie Reisen bekommen, kurze Zeit später hatte dieser aber die Firma gewechselt, alles umsonst.

Jetzt war die Digitalfotografie im Kommen, ich hatte eine Idee:

`Sechsundneunzig Millionen Pixel - und was nun?´ - eine Seminarreihe über digitale Fotografie, Archivierung und Weiterverwendung digitaler Bilder.

Es hat funktioniert, auf der jetzigen Reise mit der MS Albatros halte ich sieben Vorträge über digitale Fotografie.

In dieser Funktion gehöre ich zu den "Tageskünstlern", die sitzen zu den Mahlzeiten im Hauptrestaurant zusammen mit den Abendkünstlern und bleiben unter sich. Alle `normalen´ Kreuzfahrer bekommen ihren festen Tisch vom Restaurantchef zugewiesen.

Bei einem ersten Treffen am frühen Abend begrüßt Thomas Gleiss, der Kreuzfahrtdirektor, alle Tages- und Abendkünstler, seine Sekretärin Manuela hat die Einsatzzeiten aufgelistet. Wir stellen uns gegenseitig vor, ich und Georg sind die Neulinge hier.

Georg ist katholischer Geistlicher, im wahren Leben Polizeiseelsorger und für diese Reise Bordpfarrer, Marc ist als Travestiekünstler engagiert und mit den Eltern unterwegs, Theresa bastelt mit den Gästen Teddys, ihr Mann ist Musiker und spielt Tanzmusik in einer der Bars, Barbara gehört zum Abendprogramm und ist Opern- und Operettensängerin, Ingrid gibt Englischkurse und ist mit ihrer recht korpulenten Tochter hier.

Gleich morgen geht es los, meine Vorträge finden in der Casablanca-Bar statt, ich habe meinen eigenen Hochleistungs-Beamer mitbringen können, zusammen mit dem funkelnagelneuen HP-Laptop entsteht auf der Leinwand eine faszinierende Qualität der digitalen Bilder.

Mitten in der Casablanca-Bar steht eine Säule, die Stühle sind rechts und links verteilt, es kommen etwa vierzig Gäste, es ist fast komplett voll und ein fürchterliches Lampenfieber treibt meinen Puls hoch.

Nach dreiviertel Stunden gefühltem Gestammel bin ich fix und fertig und hab´ erhebliche Zweifel an meiner Eignung für weitere solche Auftritte vor Gästen.

"Das war aber sehr interessant, Sie machen das sehr gut!"

"Sie brauchen doch gar nicht so aufgeregt zu sein - was Sie erzählen, ist doch richtig gut..."

Vollkommen überzeugt bin ich noch nicht.

Sturm, Verspätung und Käse

Die MS Albatros ist unterwegs, Monaco liegt hinter uns. An Heiligabend sollen wir um acht Uhr morgens in Port Said, dem Hafen von Kairo ankommen.

Das Wetter spielt nicht mit, es ist recht windig, und es soll noch windiger werden. Draußen erscheinen die ersten Schaumkronen auf dem Wasser, ein untrügliches Zeichen für Seegang 6. In den Treppenhäusern tauchen erste Tüten auf, die für plötzliche oder unvermeidliche Ausfälle infolge von Übelkeit griffbereit in Haltern an Handläufen und Treppengeländern platziert sind. Einige der Tütenhalter sind bereits leer, vermutlich sind die entnommenen Tüten inzwischen voll.

Beim Frühstücksbuffet fehlen einige Gäste, an der Rezeption werden Tabletten gegen Seekrankheit nachgeordert, der vorhandene Vorrat ist bereits stark dezimiert.

Birgit kann sich noch nicht richtig entscheiden, ob sie seekrank werden will oder nicht. Mir ist das Schaukeln vollkommen egal, ich merke überhaupt nichts. Georg treffen wir beim Frühstück, er ist nicht wirklich begeistert, aber auch nicht seekrank.

"Ich bin mal gespannt, ich hab´ ja um elf eine Messe, hoffentlich kommen da überhaupt noch genug..."

Das Frühstück ist gut und reichhaltig, am Buffet macht sich die reduzierte Gästezahl positiv bemerkbar, es gibt keine Schlangen und kein Drängeln.

Nur der Käse fehlt. Wir intensivieren das Thema, Theresa verdächtigt den Seegang als Ursache für den fehlenden Käse. Georg mag keinen Käse. Ihm ist das vollkommen egal.

Birgit isst morgens immer Käse und fast immer auch mittags und abends nach dem Essen, ihr ist Käse schon wichtig.

"Vielleicht haben die den heute einfach nur vergessen…"

Der philippinische Kellner versteht uns nicht oder will uns nicht verstehen.

"Keese gut für Ende Essen!" Und? Wo ist der Käse?

"Nix Keese heut." Warum?

"Nix versteen ich. Holen Scheff."

Der Chef ist gerade wo anders, inzwischen ist auch das Buffet fast komplett abgeräumt, das Frühstück ist zu Ende, wir vertagen das Käsethema.

Im Laufe des Vormittags informiert uns der Kapitän von der Brücke über den Reisefortschritt. Die Wetterlage hat sich weiter verschlechtert, man hat inzwischen die Aussendecks komplett geschlossen, ein Aufenthalt im Freien ist zu gefährlich geworden. Zurzeit haben wir eine Windstärke neun und Seegang acht, das Schiff rollt und stampft stark.

Der Wind kommt schräg von vorn und reduziert unsere Geschwindigkeit, möglicherweise kommt es zu einer Verspätung in Kairo.

Die MS Albatros liegt schief, das erkennen wir deutlich an den Getränken in unseren Gläsern, ich schätze etwa 10 Grad in Richtung Backbord - und der Horizont wandert im Fenster gegenüber bedrohlich zwischen "ganz Unten weg" und "ganz Oben weg" hin und her, dabei knarrt und quietscht es überall und in verschieden Lautstärken.

Einige der Restgäste ohne Seekrankheit harren wie wir in Harrys Bar aus, einige bedrohlich blass, andere wie wir eher belustigt bei einem Wein oder Bier oder mit Wodkas. Getränkekosten werden dem Bordkonto des jeweiligen Gastes zugeordnet und darüber abgerechnet, dazu nennt man dem Kellner die Kabinennummer.

Nova ist die Seele der Bar, rund einsfünfundfünfzig groß, Philippinin. Sie kennt nach der ersten Bestellung die Kabinennummer, den Namen und die Getränkevorlieben aller Gäste auswendig, es ist unglaublich.

Mein zweiter Vortrag läuft wesentlich besser, es beginnt, Spaß zu machen, obwohl der Raum viel zu klein ist, es sind jetzt fast sechzig Gäste gekommen und nicht alle haben einen Sitzplatz.

Am Salatbuffet beim Abendessen fehlt wieder jede Spur von Käse, dafür ist aber inzwischen ein Seegang zehn und eine Windstärke elf erreicht, hier und da fällt schon mal das Geschirr vom Tisch.

Mark ist nur kurz am Tisch, er ist sichtbar aufgeregt.

Er hat heute seinen allererste Travestie-Auftritt als "Meggie B" - für Gäste und für ihn eine Premiere.

Wir sind begeistert, das hatten wir wirklich nicht

erwartet. "Meggi B" ist exzellenter Humor, intelligent, frivol, mitreißend in einer wundervollen Verpackung als luxuriöse Dame der besseren Gesellschaft. Die Kleider aus märchenhaften Stoffen sind der Hammer und alle von Mama handgenäht, "Meggi B" ist Diva, hochelegant, sexy und topmodisch - und das alles gleichzeitig.

Die Geschichten wirken spontan, nachvollziehbar und lebensnah, der gesamte Auftritt ist professionell und endet im begeisterten Applaus der Kreuzfahrtgäste.

Meggi B steht im Anschluss für Fotos zur Verfügung, im Treppenhaus ist der Teufel los, jeder möchte das Bild seines Lebens mit "Meggi B" - noch vollkommen unbekannt in der deutschen Bühnenlandschaft, aber sicher mit einer ganz großen Zukunft.

Am Frühstücksbuffet fehlt immer noch der Käse, Seegang und Wetter sind immer noch katastrophal. Bordpfarrer Georg kommt an den Frühstückstisch, wirkt irgendwie deprimiert.

"Ich war das heute Nacht so leid mit der ganzen Schaukelei, ich konnte kaum schlafen, ich hab´ die ganze Zeit auf Knien zum Herrn gebetet, dass das aufhören soll."

Wir sind beeindruckt, vielleicht ändert der Glaube sogar das Wetter.

Georg kommt vom Buffet zurück.

"Ich will dazu noch kurz was sagen: Als Geistlicher bin ich ja der Wahrheit verpflichtet - ich hab´ eigentlich nur die Knie an die Bordwand gedrückt, aber meine Haltung dabei war die gleiche…"

Die Morgendurchsage klärt uns auf. Thomas entschuldigt sich für den fehlenden Käse, in Monaco war der Käse-Container nicht zeitgerecht angekommen, es gibt im Moment auf dem ganzen Schiff nicht ein einziges Stück Käse.

Durch den Sturm haben wir Verspätung und werden Port Said erst am Abend erreichen, was die für Heiligabend geplanten Ausflüge nach Kairo infrage stellt, man will dazu später einen Vorschlag präsentieren.

In der Abenddämmerung erreichen wir den Liegeplatz in Port Said.

Alle Gäste mit gebuchten Tagesausflügen nach Kairo haben das Angebot erhalten, am Abend in die Stadt zu fahren und dort in einem guten Hotel zu übernachten.

Die Besichtigungen finden dann am morgigen Tag statt, es folgt eine nochmalige Übernachtung und die anschliessende Busfahrt über den Sinai nach Sharm el Sheik, wo die Gäste wieder auf der MS Albatros einschiffen. Selbstverständlich ist das Angebot kostenneutral, somit erhält man die zwei Übernachtungen, alle Mahlzeiten und Busreise zum Preis des Ganztagesausflugs von € 79,00.

Ich hatte mich als Busbegleitung für den Ganztagesausflug eintragen lassen und Birgit dazu gebucht. Wir bleiben dabei, viele andere wollen aber nicht auf den Suez-Kanal verzichten und stornieren ihre Kairo-Ausflüge.

Anderthalb Stunden dauert die Fahrt bis zum Hotel, die Gäste der Albatros sind in einzelnen untergebracht.

Es ist kalt, kaum wärmer als 2°C, unser Zimmer im angeblichen 5-Sterne Hotel ist praktisch ungeheizt, einige Krabbeltiere fühlen sich aber trotzdem wohl. Der lange Weg zum Restaurant führt durch den Garten - auch nicht angenehm mit weihnachtlicher, dünner Abendgarderobe.

Ein üppiges Buffet erwartet uns, Salate, Suppen, Fisch, Fleisch, Beilagen, Desserts und - man glaubt es kaum - Käse!

Wir haben nette Gäste an unserem Tisch, das Weihnachtsessen verläuft in angenehmer Runde, fast zwei Stunden genießen wir gutes Essen und gute Unterhaltung, am Ende soll der Käse den Magen schließen, Birgit begibt sich zum Buffet.

Der Käse ist alle. Zu spät.

Lightshow, Sinai und Busbegleitung

Die Busse holen uns um 8:30 Uhr am Hotel ab, eine recht resolute Dame will jetzt einen anderen Platz im Bus, wodurch die restliche Gästeschar komplett durcheinander gerät und die Fahrt mit sinnlosen Diskussionen beginnt.

Der erste Eindruck von Kairo im Hellen ist mehr oder weniger katastrophal, überall Müll, trockene Bachläufe mit Kadavern von irgendwelchen toten Rindern oder Schafen. Dazu kommen halbfertige und halb verfallene Wohnsilos am Stadtrand.

Kairo ist mit ca. 16 Mio. Einwohnern die größte Stadt Afrikas, der offizielle Name Kairos lautet al-Qahirah, obgleich die Metropole in der Landessprache für gewöhnlich einfach mit dem Namen des Landes ausgesprochen wird: Misr, beziehungsweise Masr im lokalen Dialekt.

Wir erreichen zeitnah die islamische Altstadt Kairos, sie ist die bedeutendste Denkmäler-Gruppe Kairos und gehört zum Unesco-Weltkulturerbe. In der Zitadelle liegt die Alabaster-Moschee, auch Muhammad-Ali-Moschee genannt. Sie hat Ähnlichkeit mit der Hagia Sophia in Istanbul, die schlanken Minarette verraten den türkischen Baustil. Der fast monumentale Bau wurde von König Farud begonnen und 1857 unter Said fertiggestellt.

Das Ritual zur Besichtigung einer Moschee heißt "Schuhe aus - Besichtigung - Schuhe an".

Von der riesigen Terrasse gleich nebenan ergibt sich ein wunderbarer Panoramablick über die Stadt. Der Gebetsraum ist riesig, wir sind völlig überwältigt, hier hätte ich gerne mehr Informationen über die religiösen Riten bekommen.

Der Bus-Sitzplatz der resoluten Dame ist bei der Abfahrt auch nicht der Richtige, da gibt es eine Fenster-Säule, die ihre Aussicht behindert.

Gleich nach der Weiterfahrt sehen wir erstmals die Spitzen der Pyramiden - überraschend nah an oder in der Stadt. In einem kleinen Restaurant genießen wir ein recht gutes Mittagessen, Fleisch mit Beilagen, ganze gegrillte Fische oder Huhn als Auswahl, vorher Suppe, nachher ein süßes Dessert, das alles in Sichtweite der Pyramiden, es entwickeln sich nette Unterhaltungen mit neuen Bekannten.

Es gibt in Ägypten keine berühmtere Sehenswürdigkeit als die großen Pyramiden von Gizeh, die drei stehen am südwestlichen Rand von Kairo in der Wüste.

Die größte wird dem Pharao Cheops zugeschrieben und soll um 2690 v.Chr. gebaut worden sein, 140 m hoch, die Seiten 230 m lang. Die zweite soll Pharao Chefren um 2650 v.Chr. erbaut haben, sie misst 136 m. Die mit 63 m Höhe kleinste der drei Pyramiden soll um 2600 v.Chr. von Pharao Mykerinos erbaut worden sein.

Es ist schon beeindruckend, hier zu stehen und all die Fragen im Kopf zu haben - wie konnten die das schaffen, wo sind die Steine her, wieso sind die so ausgerichtet…

Kameltreiber wollen uns auf ihr Tier locken, für das Foto wird dann heftig kassiert, wir lehnen dankend ab. Rechts vorn sprechen mich zwei offiziell aussehende Männer in Uniform an, jeder mit einem Gewehr bewaffnet, sie sind recht freundlich.

"Where are you from?"

Germany.

"How long will you stay? First time in Kairo? Cruise Ship?"

Und so weiter, am Ende der Konversation sitze ich auf einem Stein in der Mitte der Beiden auf der untersten Reihe der Cheops-Pyramide, Birgit fotografiert uns.

"Photo five Dollar. Please...!"

Wir haben keine Chance - wieder was gelernt.

Die (der) Sphinx steht ziemlich am Rand des Gizeh-Plateaus, von hier unten sieht man auch die Pyramiden recht gut, nur für ein gutes Foto steht die Sonne genau falsch.

Der Sphinx ist die größte ägyptische Skulptur. Er ist aus dem anstehenden Kalksteinfels Plateaus herausgeschlagen worden und stellt einen liegenden Löwen mit Menschenkopf und dem sog. Nemes-Kopftuch dar, etwa 73 Meter lang und ca. 20 Meter hoch.

Es sind hier gefühlte eintausend Touristen, die alle gleichzeitig durch das schmale Tor wollen, dahinter ist der eigentliche Platz mit der Sphinx.

Wir kapitulieren.

Als besonderes Highlight und vielleicht auch als Entschuldigung für die Verspätung des Schiffes hat man uns für den Abend die Lightshow an den Pyramiden spendiert, ursprünglich war das nicht Teil des gebuchten Tagesausflugs.

Im Tal, nicht sehr weit von dem Sphinx entfernt, sind schätzungsweise vierhundert Plastikstühle aufgereiht, wir bekommen einen Platz am Rand, in einer halben Stunde soll es losgehen. Es ist 1°C kalt, darauf sind wir wirklich nur unzureichend vorbereitet. Die Lightshow taucht die Pyramiden synchron zu einer irgendwie orientalischen Musik in immer andere Lichtfarben, Grün, Blau, Rot und Weiß stehen zur Verfügung.

Das Ganze ist kommentiert, wahrscheinlich mit wichtigen historischen Texten, an einer Stelle erscheinen immer wieder Bilder von ägyptischen Grabzeichnungen.

Heute ist Montag, montags geschieht hier alles in Landessprache, deutsch ist nur dienstags, englisch mittwochs und französisch donnerstags, andere Sprachen auf Anfrage…

Am nächsten Tag starten unsere zwei Busse die Fahrt durch den Sinai, an deren Ende wir in Sharm el Sheik die MS Albatros wiedertreffen.

Als Busbegleiter habe ich ein Recht auf den Platz rechts vorn in der ersten Reihe. Birgit hat sich einen Sitz in der Mitte des Busses gesucht, die netten Gäste vom Abendessen davor und dahinter. Die inzwischen recht bekannt gewordene resolute Dame sitzt auf ihrem gestrigen Platz von gestern, ihr Mann friedlich daneben, dann entdeckt sie die freie Reihe hinter mir und wechselt spontan den Platz, was bei den gerade einsteigenden gestrigen Platzbesitzern zu Irritationen führt.

"Dann setzten wir uns halt weiter nach hinten."

Die Zwei sind mehr amüsiert als genervt.

"Nein, nein, ich muss ja nicht hier sitzen!"

Die Dame steht jetzt im Gang. Ihr Mann ist aufgeregt, was ich sogar verstehe.

"Jetzt reicht´s mir aber, Du wolltest ja unbedingt nach vorn, jetzt setz´ dich auch da hin!"

"Aber die Herrschaften…"

Es reicht wirklich. Meine Busbegleiter-Aufgabe verleiht mir ein wenig Autorität:

"Sie haben sich eben hier hingesetzt, jetzt bleiben Sie auch hier sitzen. Ihr Mann kann sich dann daneben setzen."

Man grinst auf den meisten anderen Plätzen, es kann losgehen.

Unterwegs an einer Raststätte ersteht Birgit eine Flasche Rotwein, wie viele andere auch. Ich bin als erster im Bus, nach und nach kommen die Gäste von der Toilette zurück.

Die bereits gut bekannte Sitzplatzwechslerin steht vor ihrer zugewiesenen Sitzreihe und mault mich an:

"Ist das jetzt hier mein Platz?"

"Ich denke schon, die Kamera dort gehört Ihrem Mann…"

"Sie beurteilen Menschen wohl auch nur nach Ihren Fotoapparaten, oder??" herrscht Sie mich an.

"Ja, davon verstehe ich ja auch was… ich hab´ es auch schon mal mit Schuhen probiert, das hat aber nicht so gut geklappt…"

Im Bus steigt die Stimmung, die Sitzplatzwechsler in der Reihe hinter mir sind inzwischen taubstumm, bei Birgit geht der Rotwein reihum.

Der Sinai ist überraschend gebirgig, die Straßen hervorragend ausgebaut, vor und hinter den zwei Bussen fährt je ein Begleitfahrzeug mit bewaffnetem Militär.

Ich besorge mir einen Plastikbecher, bekomme Rotwein aus Birgits Flasche und beteilige mich an der netten Unterhaltung in der Mitte des Busses, der Abgang zur Toilette ist ein guter Stehplatz.

Genau in diesem Moment erreicht unser Bus die wohl einzige Bodenwelle zwischen Kairo und Sharm el Sheik. Mein Wein macht vor lauter Begeisterung einen Luftsprung, kehrt kurz vor der Decke des Busses wieder um und sucht sich als Landeplatz meine weiße Hose.

Unser Schiff ist pünktlich in Sharm el Sheik eingetroffen, man konnte in Kairo wie geplant den Schiffs-Konvoi komplettieren und den Suezkanal in der Nacht problemlos durchfahren, es ist aber während der kompletten Durchfahrt dunkel gewesen. Zu sehen gab es nichts.

Glatteis, Petra und Aqaba

Es ist 7:00 Uhr am Morgen, die MS Albatros hat im einzigen Seehafen Jordaniens festgemacht. Aqaba liegt am Roten Meer, Haupteinnahmequellen sind der Tourismus und der Export von Phosphatdünger. Gleich neben dem Hafen flattert Jordaniens riesige Flagge am höchsten Flaggenmast der Welt.

Georg hat sich als Busbegleiter zur Verfügung gestellt, zwei Busse fahren zum Baden an das Tote Meer.

Wir begleiten einen von vier Bussen zu der Felsenstadt Petra, die verlassene Hauptstadt des Reiches der Nabatäer. Sie gilt wegen ihrer Grabtempel, deren Monumentalfassaden direkt aus dem Fels gemeißelt wurden, als einzigartiges Kulturdenkmal und 1985 wurde Petra in die Liste des UNESCO-Welterbes aufgenommen.

Um halb neun starten unsere vier Busse, ich sitze wieder in der ersten Reihe, es ist sehr kühl an diesem frühen Morgen. Die Fahrt soll etwa zwei Stunden dauern, das Wetter ist trüb und ein wenig regnerisch.

Der Regen wird stärker, es sieht aus, als wäre das Nass sogar mit Schnee durchsetzt, mir fällt auf, dass uns keine Fahrzeuge mehr entgegenkommen. Jetzt bestätigt sich die Schnee-Vermutung, rechts und links sind die Hügel leicht mit weißem Belag dekoriert, aus dem Nieselregen ist Nieselschnee geworden. Der erste Bus unserer Viererkolonne hat angehalten, das Ganze stoppt.

"Es geht nicht weiter, die Straße nach Petra ist vollkommen vereist, unsere Fahrer haben sich erkundigt, da geht nichts mehr."

Die Phoenix-Mitarbeiterin aus Bus 1 informiert die Busbegleiter, wir sollen das an die Gäste weitergeben.

"Und was passiert jetzt?"

Ich erwarte keine guten Reaktionen der Gäste.

"Ich muss erstmal mit dem Schiff telefonieren, das kann ich jetzt noch nicht sagen."

Es ist erst einmal Fakt, es geht nicht weiter, Umkehren ist in jedem Fall angesagt, die Durchsage ist gemacht, man scheint das Unabwendbare zu akzeptieren, es gibt erstaunlich wenig Kommentare.

Bis auf einen Herrn - aufgeregt, laut, unüberlegt, unangenehm, wahrscheinlich vermögend und offensichtlich ziemlich dumm.

"Das gibt es ja wohl nicht! Ich habe die Reise nur wegen Petra gebucht, und ich verlange, dass Sie mich da hin bringen - wie auch immer!"

"Es geht aber nicht, die Straßen sind unpassierbar, da kommt heute niemand hin!"

"Das ist mir völlig egal, dann organisieren Sie was Anderes! Das kann ja wohl alles nicht wahr sein! Ich werde Sie verklagen! Bestellen Sie einen Hubschrauber, ich will da hin!"

Hubschrauber sind hier aber im Moment aus.

Inzwischen hat der erste Bus gewendet, über den

Mittelstreifen ist die Gegenfahrbahn erreicht, nach rund zweihundert Metern stoppt das Ganze noch einmal, die Mitarbeiterin hat mit dem Schiff telefonieren können.

"Wir werden alle zurückfahren, die Kosten des Ausflugs werden erstattet. Es gibt absolut keine Möglichkeit, Petra zu erreichen, selbst wenn es möglich wäre: dort ist alles wegen der Wetterverhältnisse geschlossen."

Gegen Mittag sind wir am Schiff, die wenigen nicht für diesen Vormittag beurlaubten Köche und Kellner versorgen die havarierten zweihundertzwanzig Petra-Touristen mehr recht als schlecht. Das für 19:00 Uhr geplante Auslaufen verspätet sich, es fehlen zwei Busse vom Totem Meer, am Tisch fehlt daher auch Georg.

"Wir haben noch keine genauen Informationen, warum die Busse fehlen. Es ist aber genügend Zeit und wir können noch warten. Ich melde mich wieder, sobald wir neue Nachrichten haben."

Irgendwie klingt der Kreuzfahrtdirektor anders als sonst.

Eine Stunde später gibt es die Auflösung:

"Am Nachmittag, schon während der Rückfahrt der beiden Badebusse ist auf der einzigen Ausfallstraße durch Unterspülung die Fahrbahn über eine Strecke von mehr als vierzig Meter abgesackt, eine Weiterfahrt war nicht möglich. Beide Busse sind umgekehrt, die Gäste werden in einem Hotel übernachten und dort weitere Informationen bekommen. Zwei Mitarbeiter mit Reisepässen, Medikamenten, Geld und anderen Papieren sind auf dem Weg dorthin. Wir werden in etwa einer Stunde ablegen, ein längerer Aufenthalt hier in Aqaba würde den gesamten weiteren Reiseablauf infrage stellen."

Heute Vormittag hatte sich ein Badegast verletzt, der Phoenix-Begleiter des einen Busses hatte ein Taxi geordert und den Gast zurück zum Schiff begleitet, die restliche Reisegruppe mit achtzig Gästen verblieb mit unserem Bordpfarrer Georg am Toten Meer.

Die Stimmung an Bord ist gedrückt, fast alle Gespräche kreisen um das Zurücklassen der Kreuzfahrtgäste.

"Die sind doch zum Baden gefahren, sicher haben die keine warmen Sachen, abends ist es doch richtig kalt hier!"

"Und Pässe haben die doch auch nicht…"

"Und was ist mit Medikamenten, ich hätte meine nicht dabei!"

"Die haben ja wahrscheinlich nicht mal Geld mit, wenn die nur zum Baden wollten."

Am Morgen haben die Mitarbeiter neue Informationen. Man wird die fehlenden Gäste nach Sanaa ausfliegen, von da aus können sie dann mit Bussen über das Gebirge gebracht werden und übermorgen wieder an Bord sein, wenn wir mit dem Schiff in Hodeidah angekommen sind.

Wir sind gespannt auf Georgs Version.

Hodeidah, Plastikmüll und Nebel

Hodeidah ist mit über 400.000 Einwohnern eine der größten Städte des Landes im Süden der Arabischen Halbinsel und die größte Hafenstadt des Jemen.

Morgens um acht Uhr starten wir mit drei normalen Reisebussen, ich bin wieder als Begleiter eingeteilt und habe den Logenplatz vorn rechts, Birgit sitzt neben mir, der örtliche Reiseleiter weiter unten neben dem Fahrer.

Wir verlassen die Stadt, auf den ersten Blick ist die Umgebung recht modern, aber an vielen Stellen macht es einen eher ärmlichen Eindruck.

Die Bebauung an den staubigen Straßen ist sehr einfach, hier wohnt man in oder über der Werkstatt oder dem Laden. Überschüsse an Verpackungen, Schrott, Lebensmitteln oder Müll werden zwischen den Gebäuden oder direkt auf die Straße ausgelagert oder dorthin entsorgt.

Ein Bergdorf in der Nähe von Menacha ist das Ziel heute. Menacha liegt ganz oben in den Bergen des Jemen, auf einem schmalen Hangrücken zwischen zwei Bergmassiven in etwa 1500 m Höhe, wir wollen nach al-Hadschara, noch 500 m höher gelegen - angeblich eine der schönsten Städte des Jemen.

Die Landschaft auf dem Weg in die Berge ist saftig grün und anscheinend recht fruchtbar, wir sehen bestellte Ackerflächen, Obstplantagen und einige Wiesen.

In den Bergen wird die Fahrt langsamer, die Straße ist

eng, sehr kurvenreich, aber in einem bemerkenswert guten Zustand. Es ist einsam hier, nur winzige Orte liegen in erreichbarer Nähe der Straße - ausnahmslos ange-kündigt durch immense Haufen von buntem Müll.

Flaschen, Tragetaschen, Baumaterial, Schrottautos, Papier und Unmengen von Plastikmüll verunstalten überall die Landschaft rund um Ansiedlungen mit oft kaum mehr als zehn Häusern.

Es ist fast Mittag geworden, die Fahrt geht weiter bergauf.

In einer engen Kurve der Passstraße begegnen uns zwei Busse, das Ausweichmanöver zwingt zu langsamer Fahrt, die Fahrgäste winken uns heftig zu - Georg!

Die verlorenen Badegäste sind auf dem Rückweg zur MS Albatros.

Kurze Zeit später halten wir an einer Art Ruine, die sich durch ein verblasstes Schild als Hotel bezeichnet. Hier werden die Menacha-Touristen bereits erwartet, in verschiedenen Räumen sind kleinere Matratzen auf dem Boden verteilt, wir sollen Platz nehmen, das Essen kommt gleich.

Birgits Matratze ist ein wenig feucht, Ihre diesbezüglichen Vermutungen machen die Sitzgelegenheit aber auch nicht trockener.

"Guck Dir mal die Katzen an, da drüben, hoffentlich sind das nicht deren Matratzen…"

Wir bekommen jeder eine Plastikgabel mit Plastikteller

und eine kleine Plastikflasche mit Mineralwasser - ich erinnere mich an die Berge von Plastik auf dem Weg hier her...

Fleißige Einheimische platzieren Tabletts, die unseren Biertabletts in Kneipen ähneln, auf den Boden in die Mitte vor dem Matratzen-Oval, darauf undefinierbare Zusammenstellungen von Gemüsen, Salaten, Püriertem und/oder Gewürfeltem.

Keiner erkennt, was wir da essen sollen - außer den Baby-Bananen in der Mitte, wahrscheinlich als Nachtisch gedacht.

Birgit hält sich da ′raus, eine Banane geht aber doch. Ich bin neugierig und probiere eine Art Matsch, der noch eine gewisse Ähnlichkeit mit Erbsen oder Kartoffeln hat. Es schmeckt, aber weder nach Erbsen noch nach Kartoffeln. Alles scheint vegetarisch, und von allem bleibt das Meiste übrig, nur die Bananen sind alle.

Es gibt eine Toilette, nur eine. Drei Busse ergeben 115 Gäste, nach dem Besuch von rund sechzig Bedürftigen kapituliert die Wasserspülung, die restlichen suchen Erleichterung im Freien, was ein schönes Foto ergeben hätte, aber ich verzichte aus naheliegenden Gründen.

Inzwischen sind vor dem Haus Jeeps vorgefahren, abenteuerliche Fahrzeuge. Kaum eines ist wirklich vollständig, hier fehlt ein Stück Stoßstange, dort ein Kotflügel, einige haben hinten ein Reserverad an der Stelle, wo bei anderen eines fehlt.

Nach einem mir unbekannten Verteilerschlüssel verladen die Fahrer alle Besucher auf die wenig vertrauenserweckenden Jeeps, ich lande auf einem Beifahrersitz, den man aber nur nach einer Klettertour durch den hinteren Wagen erreicht, weil die rechte vordere Tür nicht zu öffnen ist.

Gemäß Beschreibung soll es eine spektakuläre Fahrt sein, hoch oben am Rande der Felswände entlang, bis auf zweitausend Meter Höhe.

Die Region um al-Hadschara gilt als spektakulärste Landschaft des Jemen.

Wolken ziehen auf, es wird diesig, die Jeep-Kolonne setzt sich langsam in Bewegung, steil geht es bergauf. Die Straße ist extrem, links begrenzt durch die senkrechte Felswand, rechts geht es ohne Rand zweihundert Meter ebenfalls senkrecht in die Tiefe.

Nach einer Viertelstunde ist es nicht mehr diesig, jetzt ist dichter Nebel aufgezogen. Ich kann mit einiger Anstrengung noch den Jeep zehn Meter vor uns erkennen, sonst nichts.

Der Fahrer neben mir hat eine dicke Backe und kaut auf einer Ladung Kath herum, ein hier vollkommen normales Rauschmittel - Alltagsdroge im Jemen. Kath verursacht einen Zustand allgemeinen Wohlgefühls, der normalerweise mit einer angeregt fröhlichen Einstellung einhergeht. Der Wunsch, sich mitzuteilen, wird erhöht, Müdigkeit verschwindet, und das Hungergefühl wird unterdrückt.

Die versprochenen tief eingeschnittenen Täler sieht

man nicht, allein der Gedanke an fünfhundert Meter Abgrund rechts von mir ist schon Aufregung genug, auf den Sitzen hinter mir nennt man das bereits Angst.

Der Fahrer kaut seelenruhig sein Kath und fährt weiter, als sei strahlender Sonnenschein. Nach einer guten halben Stunde sind wir da - mitten in einer dichten Nebelwolke parkt die Jeep-Karawane und überlässt uns der kalten Bergwelt.

Al-Hadschara gilt als Aushängeschild jemenitischer Bergarchitektur. Wie in vielen jemenitischen Städten wohnten hier früher jüdische Handwerker. Hier gibt es Jahrhunderte alte Turmhäuser, unten fensterlos, einzelne mit bis zu sechs Stockwerken. Die Häuser stehen dicht an dicht, weiße Umrandungen um die Fenster sollten vor dem „bösen Blick" schützen.

Es gibt seit alters her Zisternen und Getreidesilos, um längeren Belagerungen standhalten zu können. Die Einwohner konnten alle gegen sie gerichteten Angriffe überstehen. Dreiundzwanzig solcher Zisternen konnten in Zeiten von Belagerungszuständen die Wasserversorgung sicherstellen.

Von all dem sehen wir absolut nichts, die Aussicht im Nebel ist bei rund zehn Meter zu Ende.

Der Zugang zum Ort ist sehr schmal und mit einer schweren Holztür verschließbar, aber wegen der geringen Sicht lohnt es wirklich nicht, weiter in die Bergstadt hinein zu gehen. Ich entdecke einen Bewohner in typisch jemenitischer Kleidung vor einem der

Berghäuser, bis zum ersten Stock ist es durch den Nebel erkennbar, es gelingt ein bemerkenswert lebensechtes Foto.

Zwei Kinder zerren einen dürren Esel den Berg hinauf, ganz schemenhaft sehe ich dahinter kurz eines der sechsstöckigen Häuser, bevor die Nebelwand sich wieder schließt.

Die Reisegruppe trifft sich verfrüht an den Jeeps, es macht keinen Sinn, länger zu bleiben, ein Jeep nach dem anderen verschwindet auf den Weg nach unten im Nebel, jetzt sind Felswand und Abgrund an der anderen Seite der Autos, weiter unten gibt es mehrere wirklich leichenblasse Gesichter.

Unser Fahrer kaut inzwischen seine dritte Ladung Kath.

Digitales, Badegäste und Internet

Meine Fotokurse entwickeln sich gut, die Teilnehmerzahl hat sich stabilisiert. Ingrid hat Probleme, Ihre Englischkurse finden auch in der Casablanca-Bar statt, direkt nach ihr bin ich dran. Weil ich mehr Teilnehmer habe als die Bar Sitzplätze, kommen meine Gäste schon während ihrer Kurse und setzen sich auf die freien Stühle.

Ich kann das nicht verhindern, also machen wir die Tür zu, bis sie fertig ist. Jetzt kommt es zu Staus vor der geschlossenen Tür und nach dem Öffnen zu rücksichtslosem Gerenne auf die Stühle, gleichzeitig haben Ingrids Schüler fast Probleme, den Raum unverletzt zu verlassen.

Viele Teilnehmer probieren mit ihren digitalen Apparaten aus, was ich vorgetragen habe und sind stolz auf ihre Ergebnisse.

"Schauen Sie mal, das hab´ ich genauso gemacht wie Sie gesagt haben, ist das nicht gut geworden?"

Ja. Ich hatte geraten, genauer hinzusehen, vielleicht mal die Frau nicht immer in der Mitte zu platzieren, besser rechts oder links gemäß der Zwei-Drittel-Regel. Das Bild ist soweit ok, aber die Laterne im Vordergrund verdeckt doch einen Teil seines Familienmitglieds.

Vielleicht hat er aber auf dem Display überhaupt nichts erkannt, bei der Aufnahme scheint die Sonne, das bekommt den digitalen Anzeigen moderner Kleinstkameras überhaupt nicht.

Wir sitzen beim Frühstück, Georg berichtet.

"Es war schon grausam. Ich erlebe ja als Polizei-Seelsorger vieles, aber das war schon heftig. Wir standen da mit zwei Bussen, achtzig Leute, ich hatte ja auch keine Ahnung, wie das weitergehen sollte - aber ich war halt die Busbegleitung und damit natürlich auch in der Verantwortung. Ich hab´ dann telefoniert, wir sind dann mit den Bussen zurück, gegen neun am Abend waren wir in einem Hotel, die Reiseleitung vom Schiff hat da recht schnell was organisiert. Es gab sogar Pullover für die, die nichts Warmes mithatten. Ob man Geld für´s Telefonieren zurückbekommt? Achtzig Leute haben Fragen, Nöte und Sorgen, und das pausenlos und natürlich gleichzeitig. Einer hat sich ´ne Suppe bestellt und kommt sich beschweren, dass die nicht geschmeckt hat und ob er das Geld denn ersetzt bekommt…"

Dann haben sie schlecht geschlafen, das Frühstück war nicht Deutsch genug, und überhaupt wäre das ja eine katastrophale Organisation.

"Wir sind dann nach Sanaa ausgeflogen worden, als die zwei Reiseleiter angekommen waren, ohne Pässe wär´ das ja nicht gegangen. Dort sind wir wieder in ein Hotel und dann am Morgen mit Bussen über die Berge zurück – ich glaube, da habt Ihr uns gesehen.

Hier an Bord bin ich dann direkt ins Bett, ich war fix und fertig, ich konnte wirklich nicht mehr."

Die wiedergekehrten Gäste haben Georg mit einem langen Applaus Ihren Dank ausgesprochen.

Für den nächsten Tag habe ich mich für einen Ausflug nach Aden eintragen lassen, so oft kommt man ja nicht in den Jemen. Birgit hat eine unangenehme Erkältung und verzichtet.

"Wenn Du eine Apotheke siehst, kannst Du mir ja was gegen Grippe mitbringen."

Im Jemen? …mal sehen, eher wohl nicht.

Aden hat rund 550.000 Einwohner und war bis 1990 die Hauptstadt des Jemen, vor Sanaa. Der älteste Teil der Stadt liegt in einem Vulkankrater und wird daher Kraytar genannt, der Hafen wird überragt vom 517 Meter hohen Vulkan Dschebel Schamsan, die Stadtrundfahrt ist recht interessant, baulich ist die Stadt aber eher langweilig.

Es bleibt ein wenig Zeit, der örtliche Reiseleiter schlägt eine Stunde Freizeit im Zentrum vor, direkt am Marktplatz. Ich bin skeptisch, der Jemen ist immerhin Weltmeister bei Entführungen ausländischer Besucher.

"Meine Damen und Herren, wenn wir das machen, ist das nicht ungefährlich, es hat hier ja schon Verschleppungen gegeben. Wer lieber im Bus bleiben will, kann das gerne machen, der Fahrer bleibt hier. Ich möchte die Anderen, die mitgehen wollen, dringend darum bitten, als Gruppe unbedingt zusammen zu bleiben, unser örtlicher Führer geht voraus, ich bleibe hinten."

Es funktioniert tatsächlich und es ist es wirklich wert. Der Markt ist eine Ansammlung von Kuriositäten, sehr orientalisch, ausnahmslos männlich, Frauen nur in Burkas und weit von allen Aktivitäten entfernt.

Zwischen den Verkaufsständen sitzen immer wieder Männergruppen auf dem Boden und verhandeln lautstark und erregt die aktuellen Preise von Kath, alle ausnahmslos mit dicker Backe, alle kauen pausenlos die Blätter der berauschenden Kathpflanzen.

"Bitte bleiben Sie doch einen ganz kleinen Moment hier zusammen, ich muss gerade kurz etwas besorgen."

Auf der gegenüberliegenden Straßenseite habe ich ein grünes Kreuz entdeckt, das sieht aus wie eine Pharmazie. Für zwei Dollar kaufe ich eine Schachtel mit zweisprachiger Beschriftung, "Flu" verspricht einen Zusammenhang mit "Grippe".

Es hat sogar geholfen.

Es ist später Abend, mir fällt ein, mein gebuchtes Bord-Internet ist wieder mal abgelaufen, es gibt Tarife für einzelne Minuten, für eine Stunde, Zwei Stunden und für vierundzwanzig Stunden, den Zweistunden-Tarif für € 20,00 hatte ich schon zweimal gekauft.

Der 24-Stunden-Tarif kostet € 50,00, das erscheint preisgünstiger, ich buche das so. Morgen ist Seetag, dann kann ich Mails herunterladen und sehen was sonst so los war, nach dem Frühstück.

Es geht nicht. Das Ding hat keine Netzverbindung. Ich bin zwar kein Fachmann, aber in Sachen Computer auch nicht total unterbelichtet, alle Einstellungen sind vollkommen korrekt, das Passwort stimmt und gebucht hatte ich ja gestern Abend, die Bestätigung kann ich ja noch aufrufen. An der Rezeption erklärt sich das so:

"Das haben Sie wohl falsch verstanden, der 24-Stunden-Tarif bedeutet, dass Sie einen ganzen Kalendertag Zugang haben, von 0:00 Uhr bis 24:00 Uhr, Sie haben sich um 23:34 Uhr angemeldet, und um 24:00 Uhr ist das dann abgelaufen."

Leider hat jetzt niemand mein blödes Gesicht fotografiert, das wäre ein Meisterwerk geworden. Ich versuche zu protestieren, sinnlos.

Der mit meiner Aufgabe als Fotokursgeber betraute Mitarbeiter von Phoenix ist gleichzeitig für Gästefragen im Bezug auf Internet zuständig, ich versuche, dort zu intervenieren.

"Das bist Du selber schuld, wenn Du in meinen Internet-Infokurs gekommen wärst, hättest Du das gewusst."

"Aber fünfzig Euro für Nichts? Ich war ja nicht einmal eine Sekunde online…?"

"Das ist Dein Problem." …und geht.

I am not amused.

Kreuzfahrer

1984 gab es rund zehntausend Gleichgesinnte, 2015 haben sich in Deutschland insgesamt 1,7 Millionen Gäste zu einer Reise auf Kreuzfahrtschiffen entschlossen, mehr als die Hälfte sind heute jünger als 55 Jahre. Nordland- oder Ostseekreuzfahrten locken ein etwas älteres Publikum an, viele Rentner wollen nicht mehr fliegen und reisen von Kiel nach Kiel oder Bremerhaven nach Hamburg und sind zwischendurch in der Ostsee oder in Norwegen.

Im Laufe der Jahre sind Schiffsreisen deutlich billiger geworden, dementsprechend hat sich die Qualität der Leistungen und der Gäste verändert.

In Kreuzfahrt-Internetforen übernehmen heute unendlich viele kompetente und inkompetente Franks und Ullas ungefragt die Schulungen von Interessenten und Neueinsteigern, hier informieren sie jeden künftigen Kreuzfahrer und die Wiederholer bereits vor deren Buchung über Restaurants, Kellner und Shows auf "ihrem" Schiff, über Kabinen, Häfen und Ausflüge, über Essen, Wetter, Seekrankheiten, Kapitäne oder Rettungs-boote und deren Nutzung und ob ein Schiff schaukelt und wenn nein, wo und warum nicht.

Hier sind begeisterte Fans vertreten, die oft schon nach ihrer ersten und einzigen Kreuzfahrt "ihre" Linie verteidigen wie militante Hooligans ihren Fußballclub.

"Da gibt es doch nur Buffets!" - "Dafür haben die All-Inclusiv!" - "Dann kann ich mir ja ein Getränke-Paket kaufen...!" - "Die haben aber die besten Routen!"

Die früher auf Kreuzfahrten unverzichtbaren Dinnerjackets, Anzüge, Krawatten, Bundfaltenhosen und Jacken sind heute auf vielen Schiffe total out, dafür gibt es bequeme Freizeit-Mode und manchmal Sandalen mit Socken zur kurzen Hose.

Auch Gala- oder Captains-Dinner sind inzwischen auf vielen Schiffen ersatzlos gestrichen. Wir bedauern das manchmal, viele andere begrüßen aber die heute legerere Atmosphäre moderner Schiffe.

Vieles ist selbstverständlicher heute - so war vor zehn Jahren ein "medium" oder "rare" gebratenes Steak fast überall nur Wunschdenken, heute sind Sonderwünsche auf höherwertigen Schiffen kein Thema mehr, Service und Qualität sind fast grenzenlos realisierbar.

Für Gäste, die wie Julia Roberts in Pretty Woman von der Besteckmenge auf einem perfekt eingedeckten Restauranttisch überfordert sind, stehen Buffet-Restaurants mit blanken Tischen und wunderbar hässlichen Besteckständern bereit, bei einigen Anbietern gibt es nur hier während der Nahrungsaufnahme kostenfreie alkoholische Getränke, durch die besonders kostenbewusste Kreuzfahrer zum längerem Verweilen angeregt werden.

Die Zahl der Kreuzfahrer wächst immer noch kontinuierlich. Das Hotelzimmer fährt mit, kein Ein- und

Auspacken von Koffern, und die dubiose Vorstellung von Luxus rundum führt immer mehr Menschen im Urlaub vom Hotel auf ein Schiff.

Kreuzfahrer sind schon besonders - manchmal besonders reich oder sehen so aus, einige sind eitel, gebildet und trotzdem nett, manche sind witzig oder wollen es sein, immer mehr sind gebrechlich, viele sind schlau, manchmal absurd gekleidet, aber kommunikativ oder schnell genervt, alle sind weit gereist und meistens allwissend, aber nur recht wenige Kreuzfahrer sind nachhaltig unangenehm und unbelehrbar.

Kreuzfahrer sind Gott sei Dank sehr oft richtig nette Leute.

Davon demnächst noch mehr…

Printed in Poland
by Amazon Fulfillment
Poland Sp. z o.o., Wrocław